安徽省2019创新发展攻关项目（2019CX072）
滁州学院应用经济学学科建设成果
滁州学院财务管理省级一流专业建设成果

金融创新与民营经济发展研究

程 艳 ◎ 著

吉林出版集团股份有限公司
全国百佳图书出版单位

图书在版编目（CIP）数据

金融创新与民营经济发展研究 / 程艳著. -- 长春：吉林出版集团股份有限公司，2022.9
ISBN 978-7-5731-2259-9

Ⅰ.①金… Ⅱ.①程… Ⅲ.①金融改革 - 研究 - 中国 ②民营经济 - 经济发展 - 研究 - 中国 Ⅳ.①F832.1②F121.23

中国版本图书馆CIP数据核字(2022)第175831号

JINRONG CHUANGXIN YU MINYING JINGJI FAZHAN YANJIU
金融创新与民营经济发展研究

著　　者	程　艳
责任编辑	杨　爽
装帧设计	清　风

出　　版	吉林出版集团股份有限公司
发　　行	吉林出版集团社科图书有限公司
地　　址	吉林省长春市南关区福祉大路5788号　邮编：130118
印　　刷	唐山富达印务有限公司
电　　话	0431-81629711（总编办）
抖 音 号	吉林出版集团社科图书有限公司 37009026326

开　　本	787 mm×1092 mm　1 / 16
印　　张	13
字　　数	200 千
版　　次	2023 年 1 月第 1 版
印　　次	2023 年 1 月第 1 次印刷

书　　号	ISBN 978-7-5731-2259-9
定　　价	58.00 元

如有印装质量问题，请与市场营销中心联系调换。0431-81629729

前　言

2018年10月，习近平总书记在广东考察时强调"民营经济是我国公有制为主体多种所有制经济共同发展的重要组成部分，在推动发展、促进创新、增加就业、改善民生等方面发挥了不可替代的作用"。

2018年11月，习近平总书记在民营企业座谈会继续肯定了民营经济的重要地位，并强调"在我国经济发展进程中，我们要不断为民营经济营造更好发展环境，帮助民营经济解决发展中的困难，支持民营企业改革发展，变压力为动力，让民营经济创新源泉充分涌流，让民营经济创造活力充分迸发"。

2020年两会召开，习近平总书记强调，做好"六稳"工作、落实"六保"任务至关重要。就业是民生之本，也是"六稳""六保"之首。在我国，民营企业贡献了80%以上的城镇就业岗位，而在民营经济中，中小微企业占了大多数。民营企业作为吸引就业的主力军，在守住"保"的底线、筑牢"稳"的基础方面发挥着至关重要的作用。

改革开放四十余年，中国民营经济得到了很大发展，随着中国经济全面步入新常态，大规模转型升级、大力发展新兴产业是必然趋势。在这种环境下，民营经济面临的困难：一是转变思想找到新常态下的发展思路，跟上中国经济转型的步伐；二是产业需要转型升级，依靠创新来驱动增长。民营经济在转型升级创新驱动这个领域上，普遍存在着科研乏力，人才匮乏的难题；三是民营经济创新能力不足、科研乏力等问题的原因主要还是资金的短缺，融资难、融资贵的问题依然存在，尤其是小微企业融资难的问题尤其突出。2020年以来，受国内外多重因素的影响，民营企业面临的困难和挑战的范围和程度进一步加深，为民企拓宽融资渠道，解决生产经营面临的现金流问题，尤为迫切。

  金融发展与经济增长之间具备互相作用、互相促进的良性互动关系。习近平总书记指出"经济兴，金融兴；经济强，金融强"，经济是肌体，金融是血脉，两者共生共荣。拓宽民企融资途径，还需发挥各方合力，打出"组合拳"，间接融资与直接融资并重，多措并举引导市场预期，提升金融服务民企的质效。而金融创新是金融业健康发展的动力源泉，良好的金融创新体系是金融支持民营经济增长的重要保证。

  本书探究金融创新与民营经济增长的理论内涵，以安徽省为研究对象，基于安徽省2006—2020年的金融创新与民营经济增长的数据，利用耦合协调度模型进行实证分析，探究金融创新与民营经济增长的耦合协调状态。并针对安徽省民营经济仍存在的资金供需矛盾，探索金融创新服务民营经济增长的路径。最后，提出安徽省金融创新助力民营经济高水平增长的政策建议。

  衷心感谢陈学云教授、王晓梅教授、王琦教授给予学术思想上的支持，衷心感谢曹晨博士在计量分析方面给予作者的指导。

  需要指出的是，本书提出的政策建议仅代表作者本人的观点。作者初出茅庐，水平相对有限，书中难免有不足之处，望读者给予批评指正。

程艳

2022年8月

目　录

第一章　金融创新与民营经济发展的文献梳理……………………… 001

第二章　安徽省民营经济发展的历程和经验…………………………… 009
　　第一节　安徽省民营经济发展历程与基本特征 ………………… 009
　　第二节　安徽省民营经济发展的主要因素分析 ………………… 035

第三章　安徽省金融业发展的现状及特点……………………………… 052
　　第一节　安徽省金融业发展现状分析 …………………………… 052
　　第二节　安徽省金融发展历程与特点分析 ……………………… 062
　　第三节　安徽省金融发展的经验与关键要素 …………………… 068

第四章　金融创新与民营经济增长互动机制分析……………………… 085
　　第一节　金融发展与民营经济增长相互促进的机理分析 ……… 085
　　第二节　金融创新与金融发展相互交融 ………………………… 097
　　第三节　安徽省金融创新的成效与关键因素 …………………… 102

第五章　安徽省金融创新与民营经济增长的实证分析………………… 106
　　第一节　分析的目的与方法 ……………………………………… 106
　　第二节　金融创新与民营经济增长耦合协调度模型构建 ……… 108
　　第三节　安徽省金融创新与民营经济增长的实证分析 ………… 116

第六章　安徽省民营经济金融需求新特征、面临的金融困境
　　　　与因素分析 …………………………………………………… 125
　　第一节　安徽省金融服务民营经济的现状 ……………………… 125
　　第二节　安徽省民营经济金融需求特征 ………………………… 129
　　第三节　安徽省民营经济面临金融困境的影响因素分析 ……… 134

第七章　金融创新服务安徽省民营经济发展的体系构建……………… 140
　　第一节　金融服务体系创新的宏观框架 ………………………… 140

第二节　金融服务体系创新的微观框架 …………………… 147

　　第三节　加大特色金融创新力度 …………………………… 161

第八章　安徽省金融创新推动民营经济发展的政策建议………… 166

　　第一节　完善金融创新服务民营经济的运行机制 ………… 166

　　第二节　建立健全金融创新服务民营经济的支持体系 …… 172

　　第三节　夯实民营企业产业根基与机制完善，防范负债

　　　　　　融资风险 …………………………………………… 185

　　第四节　推动金融改革创新，防范风险，维护金融业

　　　　　　良性发展 …………………………………………… 191

参考文献……………………………………………………………… 199

第一章　金融创新与民营经济发展的文献梳理

一、研究背景

民营经济的健康发展是国家稳经济的重要基础、稳就业的主力支撑，是提升产业链供应链稳定性和竞争力的关键环节。2018年以来，我国经济增速减缓，经济下行压力加大、国内外形势复杂多变，部分民营企业面临经营不善、融资难等困境。央行发布的2018年第三季度企业家问卷调查报告显示，31.4%的企业家认为本季资金周转状况"良好"，51.3%认为"一般"，17.4%认为"困难"。2018年8月的中共中央政治局会议上，对下半年经济工作提出了"六个稳"，坚持以供给侧结构性改革为主线，实施积极的财政政策和稳健的货币政策，做好稳就业、稳金融、稳外贸、稳外资、稳投资、稳预期。围绕资本市场改革、加强制度建设、激发市场活力等为民营企业创造良好的融资环境。

在未来一定时期内，政府及社会各界力量当共同促进金融创新。提高金融服务民营企业效率，破除民营经济健康发展的资金瓶颈，为民营企业发展破解体制性障碍，从而促进民营经济健康发展。

二、国内外研究现状

（一）民营经济

民营经济的界定："民营"一词最早出现在王春圃（1931）的《经济救国论》中，在该书中，他将民间经营的企业称为"民营"，与"官营"相对应。而时至今，民营经济的内涵已经有了不断的扩展。但理论界对民营经济的范畴也一直存在争议，主要有三种观点。一是民营经济是一个以经营主体不同而划分的概念。董辅礽、潘胜文认为民营经济是与官营经济相对应的概念。二是对民营经济概念的界定应该从其所有制形式入手。黄文夫、刘伟、张庆亮认为中国的民营经济在财产关系上主要是私有制经济，是国有经济、集体经济以外的一切经济。三是不能单纯从所有制形式或经营方式上理解定义民营经济的内涵，而应该将二者结合起来理解。阳小华认为，民营经济是指除国有国营以外所有的所有制形式和经营方式的总称，即非国有国营经济。他界定的民营经济概念既涉及所有制形式，又涉及经营方式。民营经济的定义始终并没有完全下结论，目前，邱洋冬指出民营经济是指除了国有和国有控股、集体经济、外商和港澳台商独资及其控股之外的经济组织这一观点基本为学界认可。我国经济体制改革过程中孕育了大量的中小微企业，作为我国民营经济的主体，中小微企业普遍具有规模小、资金薄弱、技术落后、经营成本高、风险承担能力较弱等特点。

关于民营经济发展制约因素及解决途径方面主要有以下研究。张杰险认为，民营经济存在着较大的融资困难，其根源在于"硬预算约束"使得金融支持的机会较少。王国刚认为民营经济发展主要受到以下四个方面的制约：体制制约、法制制约、金融制约、产业制约。刘伟认为我国民营经济发展存在以下三方面的问题：组织上规模不经济、资源配置中存在较大的"进入壁垒""亚产业"特征显著。陈晓峰研究分析认为制度因素是阻碍民营经济发展的重要因素。刘渝琳指出民营经济面临的问题是由多方面原因造成的"系统性"问题，需要政府、金融机构、民营企业多管齐下来解决。周志华指出企业股权结构不合理、管理不科学等自身原因也是企业面临的问题。邢孟军认为，在民营经济的发展中政府和市场都发挥着重要的作用，其中政府在保障民营经济健康有效发展方面的作用尤为突出。耿成轩、褚敏、张慧一关注如何优化政府行为推动民营经济发展。梁环忠、张莉、李海申探讨了如何通过完善财税金融支持政策促进民营经济发展。

关于民营经济的发展现状的测评：陈春丽以发展规模指标、质量效应指标、发展潜力和安全指标、生态和社会效益指标四个层次作为框架，构建民营经济发展评价指标体系。阎虹采用主成分分析法,并将就业指标、规模指标、竞争力指标、经济运行指标、环境资源保护指标等五个指标作为一级评价指标,对全国30个省市民营经济发展水平开展综合测评。陈晓雪等通过分析民营经济的竞争力,对区域民营经济现状进行测评。马朝博以经济贡献、特色集群、企业创新、人才资源作为四层,政府推动力、机构服务力、组织聚集力和分层竞争力为四力,按照"四力四层"评价模型的思想设计了民营经济竞争力的评价指标体系。王宜强等利用空间地理信息系统对福建省民营经济发展的现状给出了直观的展示。陆玉梅等采用数据包络法对江苏省民营经济运行效率进行测度评价。秦尊文、龙漾利用1995—2011年的相关数据分析了民营经济和城镇化率之间的长期均衡和短期动态关系。吕承超、张学民通过构建相关指数,分析了中国民营经济的地区不均衡问题。张娟娟以质量指标、潜力指标、景气指标与环境指标为一级评价指标,探索构建了一套民营经济评价指标体系。

近年来较多学者关注民营经济高质量发展,2018年以来,对于民营经济发展的研究逐渐侧重于探讨如何实现高质量发展。刘戒骄指出改善要素配置效率能够激发市场活力,从而促进民营经济高质量发展。童有好提出营造稳定公平透明、可预期的发展环境,包括营商环境、政策环境、法治环境、融资环境、创新环境、人文社会环境、市场环境、社会化服务环境等,对促进民营经济高质量发展至关重要。任晓猛等指出要正确认识民营经济转型发展中遇到的困难和问题,准确把握民营经济高质量发展面临的挑战与机遇,主动求变、科学应变,在推进方式、政策导向、工作机制上实现三大转变,在发展效率、质量、动力上推动三大变革。

(二)金融创新与经济发展

自从熊彼特提出创新一词以来,国内学者对金融创新进行了大量的研究,早期的金融创新研究文献较少,且受到数据来源的限制,多停留在金融机构创新的理论研究上。近年来随着国家产业结构的转型,学术界对金融创新的研究逐渐增多,其中研究最多的是金融创新与风险管理、风险监督相关的内容。目前随着我国金融行业的发展,金融数据开始应用于学术研究的领域，一些学者开始对金融创新指标进行测度，并分析其影响因素。在此基础上从实证角度研究金融创新发展如何影响经济发展的相关文献逐渐增多，相关学者的代表性观点如下：

一是倾向于行业特征、空间要素、产业分配等方面。陈聪研究了股票类金融创新。陆磊、王颖研究金融创新时主要站在保险行业管理系统风险的视角，认为金融创新是控制风险的必要手段。刘毓钧和全久安研究了商业银行的金融创新。冯毅站在银行业体制改革的角度研究金融创新。张长全和罗莉从美国次贷危机展开对房地产行业金融创新的研究。黄世纪、陈燕燕、李铭臣研究了供应链金融与服务创新。晋自力研究了农村金融创新相关问题。金环、王亮分别研究了绿色金融创新、数字普惠金融。韩景旺倡导区块链技术和供应链金融的有效契合，能够有效解决供应链金融数据信息不流畅、不透明问题，从而保证数据安全，提升供应链金融风险防控能力。

二是金融创新与风险管理、风险监督相关的内容。王永海、章涛研究了金融创新趋势下如何运用审计手段防范金融风险的问题。马轶群、崔伦刚认为交叉金融创新已经成为金融行业套利的多发地带，而其监管却处于真空状态。阳建勋研究福建自贸区金融创新能力时指出金融监管的重要作用，认为滞后的金融监管是引起金融创新与监管不协调的主要原因。骆婉琦、周春应等研究了金融创新以及配套的金融监管体系的协调发展。庄夏唯分析了区块链技术下金融创新及其风险管理。

三是金融创新如何影响经济发展。郑南源认为金融业是经济发展过程中资本资源的配置者，因而金融创新从资金和服务的双重角度支持着产业集群的升级。丁春玲、刘静等指出了金融创新通过金融体系改革创新、金融市场创新、金融产品创新、金融制度创新来影响产业结构转型升级。王仁祥、杨曼通过实证方法研究了科技创新与金融创新之间的耦合协调关系，以及证明两者之间的耦合协调关系对经济增长效率的正向效应。寇佳丽研究了金融创新如何促进国际贸易发展。王平研究了金融发展如何促进产业结构升级，从而提高经济发展质量。李兆伟、范宁威、赵丽、于波等研究金融创新与技术创新共同作用促进经济增长的机制。

四是金融创新与区域经济发展。杨亮、袁立峰、王玉玲、赵天弈、杨虹等分别研究了湖南省、唐山、湖北省、雄安新区、云南省等地金融创新对经济发展的驱动作用、存在的问题及对策。

高立红、沈圆研究了金融创新如何支持我国新型城镇化建设。张春瑜等研究了金融创新如何推动农村经济发展。徐良志等研究了安徽省农村金融创新对经济发展的影响。

（三）金融创新与民营经济增长的研究

马方方首次提出通过金融制度创新构建与民营经济发展相适应的金融体系，以满足民营经济的金融需求。

马经、朱兴盛、王静、孙明霞、梁玉丽指出要通过金融制度创新、机构创新、产品创新、服务创新等，结合政策扶持，突破民营经济融资瓶颈，促进民营经济转型升级。

李俊峰以吉林省通化市为背景，发现央行货币政策能促进金融产品和服务方式的多样化且服务方式更加灵活，针对民营经济发展的金融产品创新效果显著。何德旭、苗文龙强调金融机构必须多元化、多层次发展，同时对金融基础设施体系进行完善，严惩金融诈骗，才能为民企创造优质融资环境。宁学金结合欠发达地区情况，表示应深化金融体制机制改革，创新金融服务，大力发展民营经济的金融支持。

闫春英、谭广权、秦玉虹、张玄肯定民间金融的作用，提倡推进民间金融的建设，将各民间金融主体集中起来，为民营经济融资提供便利的平台。邱洋冬研究了非正规金融对我国民营经济发展的影响。

实证研究方面，刘茗沁运用VEC模型实证分析湛江金融支持与民营经济发展关系。邓生权实证研究了湖北省数字普惠金融发展对民营经济增长的空间效应。这一时期相关研究成果不多，且与金融支持民营经济发展的相关研究差异不大。此后，杨畅、刘遵乐等提出了发展绿色金融、供应链金融等。

（四）研究现状述评

本部分内容主要梳理了相关学者对民营经济研究的相关理论及文献。综上，民营经济的概念、其发展的制约因素及优化路径研究有一定的成果，但与民营经济相关的实证分析相对较少。就金融创新与民营经济增长而言，现有研究成果并不多，大部分研究停留在金融支持民营经济的发展上。

现有文献并没有明确金融创新与民营经济发展的内在关联机制，更缺乏针对安徽省的区域性民营经济发展的金融创新对策研究。本书拟在深层次剖析金融创新与民营经济发展的内在关联机制基础上，针对安徽省金融创新与民营经济发展之间的关系进行实证研究，针对安徽省民营经济的融资现状构建具体的金融创新服务体系，并提出金融创新推动民营经济发展的政策建议。

二、研究意义

（一）理论意义

现有关于民营经济、金融创新的研究众多。但很多是单方面研究民营经济的，有研究民营经济发展制约因素及解决途径，有研究民营经济的发展现状、研究如何促进民营经济高质量发展等。还有很多研究金融创新的成果，有研究金融创新与经济发展之间的关系、金融创新的监管；具体某一行业的金融创新研究（以银行业居多）；各地区金融创新对经济发展的驱动作用研究；还有金融创新支持新型城镇化建设、金融创新如何推动农村经济发展等研究。但就如何通过金融创新推动民营经济发展这一点，现有研究成果并不多。大部分研究停留在金融支持民营经济的发展上，并没有谈到核心问题，也就是以"金融创新"来推动民营经济发展。且对于安徽省来说，研究金融创新支持安徽省民营经济发展的文献都非常少，研究金融创新推动安徽省民营经济的尚且没有。因此，本书选择——金融创新推动安徽省民营经济发展的路径研究，具有一定的理论价值和意义。

（二）现实意义

目前，民营经济已成为支撑安徽省经济增长的重要力量，为安徽省的经济增长和就业岗位的增加做出了重大贡献。民营经济在其发展过程中需要大量资金的支持，但由于安徽省民营经济发展仍存在不足，众多中小微企业资本实力弱，使得其从国家金融机构和资本市场上取得资金非常艰难，只能依靠内部有限的资金，"融资难"问题成为阻碍安徽省民营经济发展的"瓶颈"。金融支持是安徽省民营经济发展的必要力量，而"融资难"的现状说明传统金融体系必然有其不足之处。因此，研究金融创新对民营经济的促进作用，探索金融创新与民营经济增长关系的理论渊源，对加强安徽省金融体系全面支持民营经济发展，更好地发挥金融业对经济的促进作用有重要的现实意义。

三、研究方法和内容

（一）研究方法

1. 文献研究法。用于研究全程，学术界相关研究成果及各级政府颁发的相关文件为本书研究提供了宝贵的智力支持和政策指导。

2. 规范分析法。规范分析金融创新与民营经济发展关联机制，解析金融创新与民营经济增长的互动作用。

3. 归纳法。通过归纳大量的文献，了解安徽省民营经济的发展程度、速度及金融支持程度，并归纳总结了安徽省金融支持民营经济发展出现困境的原因，并提出金融创新推动安徽省民营经济发展的建议。

4. 实证研究法。实证分析安徽省金融创新与民营经济发展之间的关系，论证金融创新有利于安徽省民营经济发展。

（二）研究内容

本书研究内容设计是以安徽省金融创新与民营经济增长之间的关系作为主要研究对象，在对相关理论进行系统回顾和总结的基础上，首先，通过多方调研，咨询安徽省金融办、安徽省统计局、查阅安徽省统计年鉴等，梳理安徽省改革开放以来民营经济发展的历程和经验，以及安徽省金融发展的阶段、现状和特点。

其次，运用熵值法、耦合分析法等对安徽省金融创新与民营经济增长之间的关系进行实证研究，剖析金融创新与民营经济增长的内在关联机制。并证明金融支持、金融创新有利于民营经济增长。且民营经济发展对金融服务体系的完善提出进一步要求，促使安徽省政府及社会各界思考金融创新进一步推动民营经济发展的具体路径。

再次，根据安徽省民营经济发展的真实现状及安徽省金融支持民营经济发展的第一手数据，直面安徽省民营经济发展面临的资金供需矛盾并分析原因。重点在于构建金融创新服务安徽省民营经济发展的体系，包括宏观层面的金融制度创新、金融市场创新、金融组织创新，以及微观层面的金融产品创新、金融服务创新、金融技术创新等。

最后，提出安徽省金融创新推动民营经济发展的具体政策建议。金融创新的本质在于创新金融产品和模式等满足实体经济发展的需求，金融创新同样需要政府及社会各界、民营企业自身的积极配合。在此基础上，本书提出相应的政策建议和具体措施。

第二章 安徽省民营经济发展的历程和经验

在民营经济增长与金融创新的互动关系中，民营经济增长是初始动力来源。那么，安徽省民营经济发展的现状、取得的成绩以及安徽省民营经济增长的动力来源在哪里呢？本章将对比展开分析。

第一节 安徽省民营经济发展历程与基本特征

一、安徽省民营经济发展现状

（一）安徽省民营经济自身发展情况分析

1. 民营经济增加值变化情况

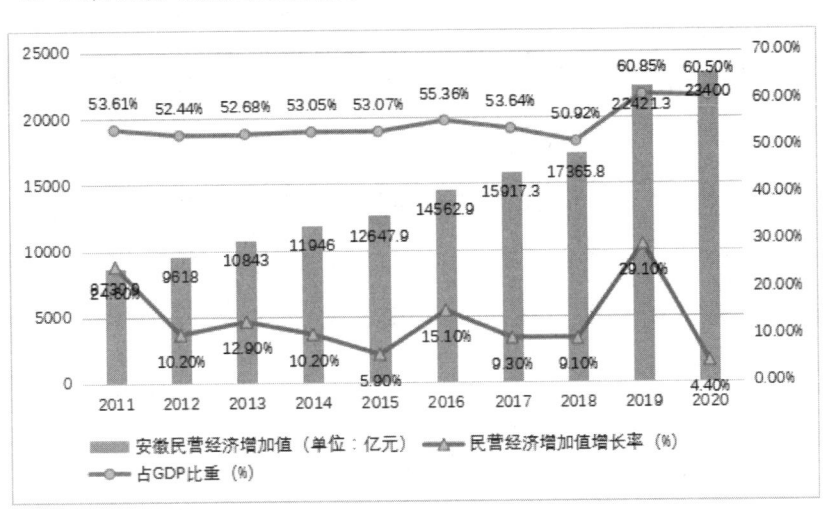

图2-1 2011—2020安徽省民营经济增加值及占GDP比重

注：安徽省GDP以安徽省统计年鉴为准

2012年以来，安徽省民营经济稳步增长，2013年民营经济增加值突破万亿，2019年突破两万亿，2020年达到2.34万亿元。民营经济增加值占GDP的比重稳步上升，2019年达到60.85%。民营经济成为安徽省国民经济发展的重要支柱。

2. 民营经济纳税情况

安徽省民营经济在创造国民财富的同时，为安徽省财政贡献了相当可观的税收收入。2012以来，安徽省民营企业纳税额逐步增加，2019年达到2987.9亿元，年均增速约7%。2017年增速最为明显，达到24%。2020年由于新冠疫情爆发，国家和地方政府秉着扶持、保护民营中小企业和个体户的税收方针政策采取了一系列税收优惠，2020年民营经济纳税额为2944亿元。但相关政策明显取得了良好成效，2020年安徽省民营经济增加值相比2019仍增长了4.36%，增长额近千亿元。因此可以展望，十四五期间，安徽省民营经济将继续稳步增长，民营经济纳税额将超过3000亿元大关，贡献税收比率进一步逼近70%甚至有望超过70%。

图2-2 2011—2020安徽省民营经济纳税情况

3. 民营经济进出口额及民间固定资产投资变化情况

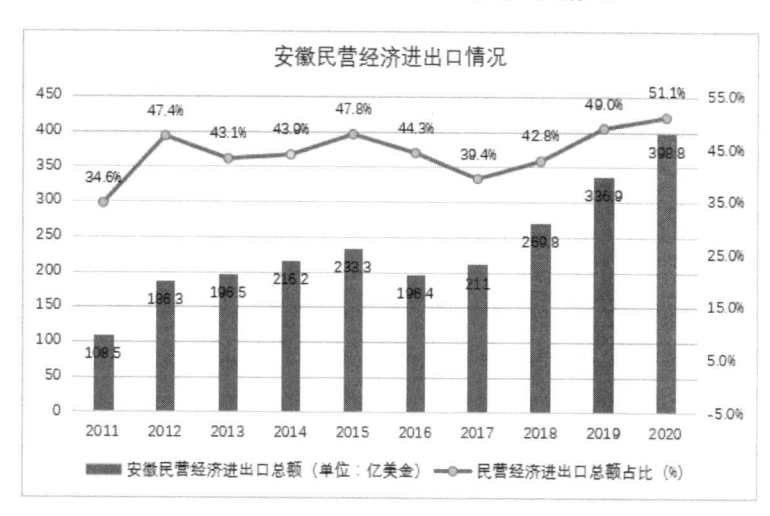

图2-3 2011—2020安徽省民营经济进出口情况

2011—2020年，安徽省民间进出口额稳步增加，民营企业对安徽省开放型经济发展做出重要贡献。同时民间进出口占比呈上升趋势，2020年首次超过50%，民营企业对外贸易业务的拓展，有利于安徽省促进对外贸易优化升级，实现稳中提质。

图2-4 2011—2020安徽省民间固定资产投资情况

注：2010—2020全部固定资产投资数据以安徽省统计年鉴为准

统计数据显示，2011年安徽省民间投资占比高达77.2%，后期安徽省全社会固定资产投资大幅增加，民间投资占比相对减小。但民间投资总额也在增加，2012—2015年期间安徽省民间投资占全部固定资产投资比重逐步上升，并于2015年达到72%，然而随着中国经济进入新常态，经济增速逐渐放缓，多数民企面临巨大的生存和竞争压力，严酷的市场环境影响了民间投资的热情，自2016年起，民间投资占比大幅度下降，2018年跌至63.8%。在此形势下，国家提出构建亲清新型政商关系，深化简政放权，为民营经济创造公平竞争的环境，全面提振企业家信心，2019年民间投资占比开始回升。2020年，受新冠疫情等因素影响，民间投资增速减缓，占比降为61.7%，民营经济面临的环境更为复杂，转型升级压力更为迫切。

4. 民营经济就业情况

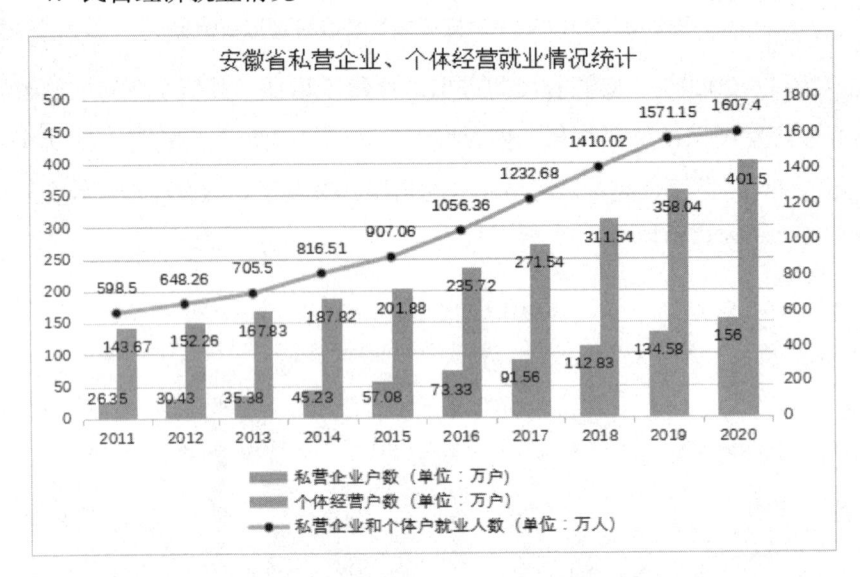

图2-5　2011—2020安徽省私营企业、个体经营就业情况统计

数据来源：安徽省统计年鉴、安徽省国民经济和社会发展统计公报

多年来，安徽省聚焦民营经济发展，优化营商环境，促进创新创业，大力培育市场主体。按照"个转企—成长小微—专精特新—冠军企业—小巨人企业"成长路径，构建覆盖中小企业全生命周期的培育体系。2011—2020年间，民营企业及个体户数量不断增加。2020年末，安徽省民营企业

达到156万户，个体经营户401.5万户，平均每万人拥有企业数244户，达到历史新高。民营经济贡献了90%以上的企业数量，承载了超过80%的城镇劳动就业，成为安徽省就业富民的重要载体。

5. 规上民营工业企业现状

安徽省规上民营工业企业现状

年份	规上民营工业公司数量（万户）	规上民营工业企业数量占比（%）	规上民营工业企业利润占比（%）
2011	1.11	89.3%	57.8%
2012	1.31	90.3%	62.9%
2013	1.45	89.8%	66.1%
2014	1.63	91.6%	71.5%
2015	1.76	92.3%	76.0%
2016	1.84	92.8%	71.8%
2017	1.75	92.5%	67.04%
2018	1.74	92.7%	64.8%
2019	1.83	94.4%	66.6%
2020	1.7	92.0%	60.6%

图2-6　2011—2020安徽省规上民营工业企业现状

在促进创新创业的同时，安徽省注重民营经济发展的质量，实施民营经济提升工程，促进民营中小企业做大做强，促进规上民营工业企业的发展。2020年，安徽省规上民营工业企业达1.7万户，占全省规上工业企业数量92%；实现营业收入2.3万亿元。十二五期间，安徽省规上民营工业企业利润占比持续增加，2015年达到了76%，十三五期间该指标有所下降，2020年底安徽省规上民营工业企业利润占比为60.6%。十四五期间，规上民营工业企业的发展不仅要重数量，更要重质量，强化政策惠企、财政支持、金融支持、人才支撑等，促进民营经济发展迈上新台阶。

6. 安徽省A股民营上市公司情况

2015年以来，安徽省加大力度培育上市公司，A股上市公司数量稳步增加。2018年底，安徽省共有103家企业在A股上市，上市企业数量及市值位列全国第10，上市公司市值位居中部第一。2019年上市企业数量在全国排名第九，上升一个名次。

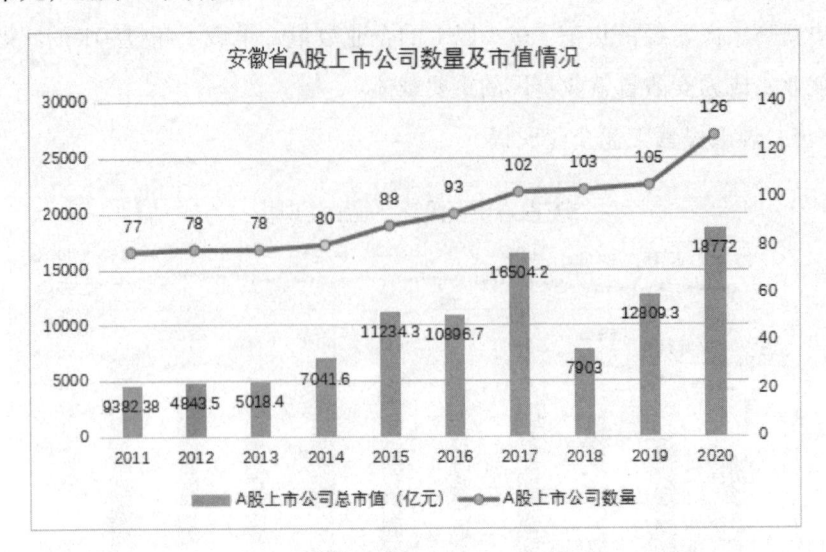

图2-7 2011—2020安徽省A股上市公司数量及市值情况

数据来源：安徽省国民经济和社会发展统计公报

截至2020年底，安徽省A股上市公司126家，比上年新增21家（新增科创板上市公司8家）。上市公司数量稳居中部地区第一、全国第九，总市值18772亿元。

图2-8 2012—2020安徽省A股上市公司民营企业数量及市值情况

2018—2020年安徽省民营企业发力资本市场，两年新增民营上市企业32家。2020年安徽省民企上市公司70家，占安徽省上市公司总数的55.6%；国企共计48家，占38.1%。从市值规模看，安徽省民企上市公司总值9757亿元，占比50.4%。

7. 安徽省入围全国民营企业500强情况

（1）安徽省近四年入围全国民营企业500强情况

表2-1 2017年安徽省入围"全国民营企业500强"企业名单（4家）

企业名称	排名	行业	营收（亿元）
文一投资控股集团	247	房地产业	301.19
安徽省国购投资集团	355	健康医疗、智能制造	210.60
众泰汽车股份有限公司	361	汽车业	208.04
山鹰国际控股股份公司	443	造纸和纸制品业	174.70

资料来源：全国工商联、中商产业研究院

表2-2 2018年安徽省入围"全国民营企业500强"企业名单（2家）

企业名称	排名	行业	营收（万元）
文一投资控股集团	247	房地产业	3180620
山鹰国际控股股份公司	348	造纸和纸制品业	2436654

资料来源：全国工商联、中商产业研究院

表2-3 2019年安徽省入围"全国民营企业500强"企业名单（4家）

企业名称	排名	行业	营收（万元）
文一投资控股集团	306	房地产业	3025147
金鹏控股集团	367	房地产业	2565320
山鹰国际控股股份公司	429	造纸和纸制品业	2324094
合肥维天运通信息科技股份有限公司	477	互联网和相关服务	2122978

资料来源：全国工商联、中商产业研究院

表2-4 2020年安徽省入围"全国民营企业500强"企业名单（5家）

企业名称	排名	行业	营收（万元）
六安钢铁控股集团有限公司	195	黑色金属冶炼和压延加工业	4990002
文一投资控股集团	314	房地产业	3327056
金鹏控股集团	372	房地产业	2891226
合肥维天运通信息科技股份有限公司	432	互联网和相关服务	2576662
山鹰国际控股股份公司	454	造纸和纸制品业	2496915

资料来源：全国工商联、中商产业研究院

安徽省近几年入围全国民营企业500强的企业数量较少，且排名较为靠后。2020年安徽省上榜民营企业增加到5家，房地产业的文一投资控股集团连续5年以上入围，金鹏控股集团2019—2020连续2年入围。2020年钢铁行业迎来行业红利期，六安钢铁控股集团第一次入围500强。但总体而言，入围企业数量少，行业集中于房地产，安徽省制造业企业优势未能发挥出来。

（2）2020年民营经济发达省份500强上榜名单情况

2020年浙江省全国民营企业500强名单上榜企业96家，以下列出浙江省前十名民营企业在榜单中的排名情况、所处行业及营收规模。2020年浙江省共计14家民营企业营收规模在千亿以上，累计32家民营企业营收规模在500亿元以上。

表2-5 2020年浙江省入围"全国民营企业500强"名单前十名

企业名称	排名	行业	营收（亿元）
阿里巴巴（中国）有限公司	5	互联网和相关业务	6442.08
浙江吉利控股集团有限公司	11	汽车制造业	3256.19
浙江荣盛控股集团有限公司	13	化学原料和化学制品制造业	3086.09
青山控股集团有限公司	14	黑色金属冶炼和压延加工业	2928.92
浙江恒逸集团有限公司	18	化学纤维制造业	2660.76
海亮集团有限公司	29	有色金属冶炼和压延加工业	1964.21
多弗国际控股集团有限公司	31	综合	1909.16
天能控股集团有限公司	37	电气机械和器材制造业	1647.97
超威集团	50	电气机械和器材制造业	1282.27

企业名称	排名	行业	营收（亿元）
万向集团公司	51	汽车制造业	1267.38

资料来源：全国工商联、中商产业研究院

2020年江苏省全国民营企业500强名单上榜企业92家，以下列出江苏省前十名民营企业在榜单中的排名情况、所处行业及营收规模。2020年江苏省共计13家民营企业营收规模在千亿以上，累计26家民营企业营收规模在500亿元以上。

表2-6　2020年江苏省入围"全国民营企业500强"名单前十名

企业名称	排名	行业	营收（亿元）
恒力集团有限公司	3	石油、煤炭及其他燃料加工业	6953.36
中南控股集团有限公司	10	房地产业	3300.92
江苏沙钢集团有限公司	17	黑色金属冶炼和压延加工业	2667.97
盛虹控股集团有限公司	19	化学原料和化学制品制造业	2652.37
苏宁易购集团股份有限公司	20	零售业	2522.96
南通三建控股有限公司	36	房屋建筑业	1677.72
南京钢铁集团有限公司	38	黑色金属冶炼和压延加工业	1571.59
中天钢铁集团有限公司	45	黑色金属冶炼和压延加工业	1400.34
亨通集团有限公司	57	计算机、通信和其他电子设备制造业	1170.06
海澜集团有限公司	67	纺织服装、服饰业	1052.17

资料来源：全国工商联、中商产业研究院

2020年广东省全国民营企业500强名单上榜企业61家，以下列出广东省前十名民营企业在榜单中的排名情况、所处行业及营收规模。2020年广东省共计14家民营企业营收规模在千亿以上，累计31家民营企业营收规模在500亿元以上。

表2-7　广东省入围"全国民营企业500强"名单前十名

企业名称	排名	行业	营收（亿元）
华为投资控股有限公司	1	计算机、通信和其他电子设备制造业	8913.68
正威国际集团有限公司	4	有色金属冶炼和压延加工业	6919.37
腾讯控股有限公司	6	互联网和相关业务	4820.64

续表

企业名称	排名	行业	营收（亿元）
碧桂园控股有限公司	7	房地产业	4628.56
万科企业股份有限公司	8	房地产业	4191.12
美的集团股份有限公司	16	电气机械和器材制造业	2857.10
珠海格力电器股份有限公司	35	电气机械和器材制造业	1704.97
比亚迪股份有限公司	39	汽车制造业	1565.98
顺丰控股股份有限公司	40	邮政业	1346.23
TCL（集团）	41	计算机、通信和其他电子设备制造业	1149.80

资料来源：全国工商联、中商产业研究院

（3）安徽省全国民营企业500强入围情况总结

最新发布的《2021中国民营企业500强榜单》披露了2020年全国各地区入围500强民营企业名单。2020年安徽省进入榜单的民营企业有5家，而居首位的浙江省则有96家，第二名江苏省92家，第三名广东省61家。民营企业的个中翘楚如华为、阿里巴巴、腾讯控股、碧桂园、万科、吉利汽车、比亚迪、珠海格力、顺丰集团、苏宁易购等均属于以上三个省份。安徽省民营企业在营收规模、知名度等各方面与以上三个省份差距明显。综合而言，安徽省不仅要扩大民营企业的数量，更要扶持一批优质领军民营企业，在提升企业综合实力上下功夫，持续培养大型民营龙头企业和民企集团。

二、安徽省民营经济发展历程及阶段特征

安徽省民营经济的发展历程与全国基本一致，经历了一个从"艰难起步—缓慢发展—政策推动下迅速发展—新形势下进一步转型升级"的过程。在相关学者研究基础上，笔者将安徽省民营经济的发展分为萌芽与起步阶段、快速发展阶段、全面稳定发展和转型升级四个阶段，其中第一和第三阶段还可细分为两个时期。

（一）萌芽与起步阶段（1978—1992年）

这一阶段可细分为个体与私营经济萌芽起步时期（1978—1988年）和曲折徘徊时期（1988—1992年）。

安徽省乡镇企业的萌芽最初在20世纪70年代，即中国改革开放之前就开始了。在经历60年代生育浪潮之后，人口不断增加，人均耕地不断减少，人民生活越来越困苦的情况下，部分地区私下默许了社队企业的悄悄发展。但此时还未达到民营经济的真正萌芽与起步。

1978年，当时的计划经济已经难以为继，随着政策的松动，出于谋生和对致富的渴望，安徽省凤阳县小岗村18户农民冒着极大的风险签了一份"秘密协议"，将生产资料、土地等按人头分到每家每户，"分田单干""包产到户"正是民营经济的正式萌芽。从此，全国各地都开始了民营经济的探索。自中共十一届三中全会以后，安徽省部分农村地区逐渐由家庭联产承包责任制演变为农业专业户，农业专业户主要从事农副产品加工和城镇小手工业，规模小且人员分散，但这种个体生产和经营的出现正是后期个体工商户的起源。另一方面，部分具有创新思想的先进群体开始着手创办企业。

对此，党和国家采取了"看一看"的态度，以市场为导向的经济体制改革正"摸着石头过河"。个体经济发展打破了传统计划经济体制对于资源要素的束缚，由此带来的要素流动和分工深化，进一步促进生产组织形式的演进。一些个体工商户的规模不断扩大，逐步出现雇佣工人这一新的现象，1983年芜湖"傻子瓜子"的雇工人数就达到了103人。

正是由于看到了个体经济的活力，1987年初，党和国家首次肯定了私营企业存在的必要性，确定了对它采取的基本政策。同年，党的十三大把私营经济定位为社会主义市场经济的必要补充。

但这一阶段中安徽省芜湖"傻子瓜子"雇工超过八人掀起大众对于其是否存在资本家剥削工人的争论。1987年12月1日，深圳冒险在全国公开拍卖了第一块住宅用地。新生事物的探索实践不断冲击着传统观念和体制，进而推动着最高国家权力机关的立法工作。

1988年，七届全国人大一次会议通过宪法修正案，其对第十一条增加规定"私营经济是社会主义公有制经济的补充"，从立法上突破了多种经济成分并存的禁区，明确了私营经济的合法地位。为促进经济合作的扩大，适应外商投资企业的用地需要，修正案还专门增加规定："土地使用权可以依照法律的规定转让"。同年《中华人民共和国私营企业暂行条例》颁布，工商行政管理机关开始对私营企业实行登记监督管理。从此，私营经济的发展与管理步入法制轨道。

1988年国家开始实行宏观紧缩政策，同时这一阶段社会舆论环境对私营企业极为不利，民营经济在这个阶段跌入低谷。

这一阶段安徽省民营经济发展的主要特征是：

1. 非公有经济经历了从不承认到承认、从承认个体经济到承认私营经济、从限制其发展到鼓励和引导其发展的政策变迁过程。

2. 城乡个体工商户以农副产品加工和城镇小手工业为主取得了一定发展，随后部分个体工商户规模扩大向私营企业过渡，同时以乡镇企业为主体的集体经济得到发展。但个体、私有经济缓慢起步，比重还比较小，公有制经济占据绝对主导地位。

1978年，安徽省GDP为113.96亿元，而民营经济创造的经济增加值不足亿元，在国民经济中占比微乎其微。1978年，安徽省个体工商户仅7049人。到1990年，全省GDP总值658亿元，按1978年不变价，1978—1990年年平均递增超过15%。其中，公有制经济（国有经济和集体经济）仍处于绝对主导地位。但经过近10年的发展，安徽省民营企业资金和劳动力等生产要素突破个人、家庭的范畴，出现了雇工超过8人的组织形式。个别私营企业通过承包国营企业积累了资产，逐渐改变了企业的所有权。个体私营经济逐渐得到发展，将成为日后推动安徽省经济发展的重要力量。

（二）快速发展阶段（1992—1998年）

1992年邓小平南方谈话之后，同年党的十四大和1993年十四届三中全会提出非公有制经济和公有制济公经济"平等竞争""共同发展"的方针。民营经济发展的政策环境进一步宽松，市场化改革进一步深化。

随着我国国民经济的发展,市场竞争加剧,过去需要凭票供应的商品短缺现象逐渐减少,部分行业逐渐出现产能过剩。原有国有企业面对市场竞争新形势,其内在管理不善、生产水平不高等不利因素更加凸显,出现大范围亏损。而民营经济经营方式灵活,管理成本低,适应性强。面对国民经济发展和社会创新的需求,民营经济的地位得到进一步提升。中央采取"抓大放小"的方针,与此同时,国有经济占比出现下降,民营经济占比明显上升。甚至在某些行业和地区,民营经济快速发展并占据优势地位。

当时社会上也出现了一些质疑,质疑所有制结构的变化将会动摇社会主义的经济基础。面对争论,中央没有改变支持民营经济的决心。1997年9月党的十五大将非公有制经济的地位由过去"我国社会主义公有制经济的必要补充"提升到"我国社会主义市场经济的重要组成部分"。明确公有制为主体、多种所有制经济共同发展是我国社会主义初级阶段的一项基本经济制度。随后通过的宪法修正案,确立了民营经济的合法性地位,大多省区出台了加快个体、私营经济发展的文件,全国各地掀起了非公有制经济发展的新浪潮。

截至1998年底,安徽省个体工商户达133.5万户,从业人员304.42万人,自有资金达85.6亿元,分别比1997年底增长10.8%、14.5%、20.1%;私营企业达到2.87万户,从业人员42.6万人,注册资本金122.1亿元,分别比1997年底增长37.6%、43.4%、52.6%。全省个体工商户、私营企业实现社会消费品零售总额327.6亿元,占社会消费品零售总额的34.2%,比1979年增加5.49倍;实现总产值193.7亿元,是1991年的8.4倍;向国家纳税由1991年的4.10亿元增加到23.83亿元,增长5.8倍,占全省工商税收的16.2%。民营经济已成为安徽省经济发展的一个新的增长点,成为社会主义市场经济的有机组成部分,对推动安徽省经济发展和社会全面进步发挥了十分重要的作用。

这一阶段的主要特征表现在:

1. 国家从政策制度环境层面加大对非公有制经济的支持力度,非公有制经济的地位由过去"我国社会主义公有制经济的必要补充"提升到"我国社会主义市场经济的重要组成部分"。这个改变一是明确社会主义市场经济的道路；二是将民营经济从"必要补充"上升到"重要组成部分"。

2. 社会环境的改善以及目标导向的变化，使非公有制经济发展进入"黄金期"，个体经济、私营经济、外资经济都实现了长足发展。同时非公有制经济的经营范围不断扩大。

3. 东南亚经济危机使政府认识到发展民营中小企业的重要性，国有经济民营化有较大发展。

（三）稳定与全面发展阶段（1999—2012年）

1999年宪法修正案将宪法第11条修改为："在法律规定范围内的个体经济、私营经济等非公有制经济，是社会主义市场经济的重要组成部分"，将党的十五大对于民营经济的新定位正式写入宪法。同年8月出台《中华人民共和国个人独资企业法》，使得我国关于私营经济三种主要形式——独资企业、合伙企业、有限责任公司的主体法律基本齐备。2002年1月党的十六大报告明确提出"毫不动摇地支持、鼓励和引导非公有制经济发展"。这在"非公有制经济是公有制经济的重要组成部分"的基础上，又进一步提升非公有制经济的地位。

"以公有制为主体、多种所有制经济共同发展，是我国社会主义初级阶段的一项基本经济制度"的确立，是我国建立社会主义市场经济体制的根本性保障，而非公有制经济则成为推动这一伟大改革的核心力量。这也成为我国2001年顺利加入世贸组织的先决条件，并为我国经济在新世纪保持长期高速增长奠定了坚实的基础。

十五大以来，安徽省在推进各项改革的同时，先后出台了一系列的政策措施，加大对民营企业发展的政策扶持力度，全省民营企业得到较快发展。截至2002年，全省民营企业数量增加到6.01万家，从业人员达到89.58万人，注册资本总额340.79亿元，分别比上年同期增长15.6%、27.2%和23.1%；个体工商户数量增加到144.3万户，从业人员达到333万人，户均注册资本达到0.85万元。

2004年宪法修正案则将宪法第11条对非公有制经济的规定修改为"国家保护个体经济、私营经济等非公有制经济的合法权利和利益。国家鼓励、支持和引导非公有制经济的发展，并对非公有制经济依法实行监督和管理。"同时明确合法私有财产不受侵犯。民营经济地位逐渐从原来的引导、监督管理变成更进一个层次的鼓励、支持和引导。2005年，国务院发布了"非公经济36条"，制定了一系列支持和鼓励非公经济发展的政策。

在此期间，安徽省民营企业发展势头强劲，截至2005年，全省民营企业达10.6万户，从业人员166万人，注册资本1145亿元。以民营企业为主体的非公有制经济占全省经济的45.3%，民营经济实现增加值突破2000亿，达到2196.8亿元，比上年增长11.5%，占国内生产总值的40.9%。第一、第二、第三产业民营经济增加值依次为318.3亿元、917.0亿元和961.5亿元，2006年8月国家修订了《中华人民共和国合伙企业法》；2007年3月《中华人民共和国物权法》颁布；2007年10月，党的十七大报告又进一步提出要实现"两个平等"，坚持平等保护物权，形成各种所有制经济平等竞争、相互促进的新格局，进一步加强了对民营企业财产权的保护力度。

截至2012年，安徽省民营经济增加值9618亿元，占全省GDP比重56%；民营经济纳税额1863.1亿元，占比60.9%；民营企业数量达到30.4万户，个体工商户数量达152.26万户，民营经济就业人数达648.26万人。2012年民营企业的户数和增加值分别是2006年的2.8倍和3.1倍。此外2012年安徽省民营经济进出口总额186.3亿美金，占全省比重47.4%。民间投资9670.4亿元，占全省固定资产投资比重64.2%。全省高新技术企业中民营企业占比超过85%。纵向比较，安徽省民营经济无论从速度、结构还是质量上，都有了长足发展。

同时，横向比较，安徽省民营经济发展与国内优势地区差距明显。2012年全省民营经济总量仅相当于江苏的1/5，浙江的1/3。安徽省每万人拥有企业数39户，而江苏省为199户，浙江省为153户。安徽省仍需进一步优化营商环境、降低用工成本、解决融资难题等加速民营经济健康发展。

这一阶段的特征是：

1. 国家对于民营经济的重视程度不断提升，1999年和2004年两次修宪明确非公有制经济的法律地位，并不断出台鼓励和支持民营经济发展的具体政策和法律，民营经济的发展环境日益完善。

2. 社会主义市场经济体系中民营经济比重进一步上升。这一阶段中民营经济增加值占安徽省GDP比重正式超过了50%，奠定了民营经济在社会主义市场经济的重要地位，形成民营经济与国有经济、集体经济等互为补充，在竞争中共同进步的格局。

3. 民营企业经过多年积累，产权结构更为合理、公司治理水平不断提升、实力日益增强，具备了开展股份合作、联合经营、并购等活动的基础，十五届四中全会规划了1999—2010年国企改革发展的目标和方向后，民营企业以并购重组、投资参股、受托经营、租赁国企闲置资产等形式积极参与国企改革，在这一阶段的国企改制中发挥了重要作用。

4. 政策推动民营资本进军垄断行业。民营经济初步完成原始资本积累后，具备了一定的实力。2005年国务院发布了"非公经济36条"，明确提出"允许非公有资本进入垄断行业和领域"。国家有关部门及安徽省地方政府积极出台了相关配套政策措施以及实施细则，增强了民企进军垄断行业的信息，民企逐渐向金融、矿产资源、石油石化、军工、城市公用事业等行业发展，促进垄断行业改革并形成市场竞争机制。

（四）民营经济转型升级阶段（2012年至今）

2012年，在世界经济低迷、国内经济增速趋缓等因素影响下，民营企业成本压力明显增大。调查显示，过半数的企业受到了用工成本、原材料成本、资金成本上升，人才缺乏，税收负担重等因素的制约，生产要素的价格持续上涨和经营管理成本不断上升直接挤压了利润空间，降低了企业的经营效益。另一方面由于国内经济发展到了一定阶段，社会商品生产极大丰富，人们的消费需求不断升级，对于产品和服务的质量、层次等需求要求越来越高，经济转型升级对于民营经济提出了更高要求。但基于民营经济的内源式发展特点，其转型升级遇到了巨大挑战。

为适应形势变化，民营企业迫切需要转变发展方式，从主要依靠资源消耗和投资拉动向主要依靠资源节约和创新驱动改变，从传统产业低端、低附加值的生产方式向现代产业高端、高附加值的生产方式转变，用好用活政策、金融资本市场的支持，建立现代企业管理制度，加大引进人才力度，履行好社会责任。

2016年，习近平总书记在两会期间发表"三个没有变"的重要论述，即"非公有制经济在我国经济社会发展中的地位和作用没有变，我们鼓励、支持、引导非公有制经济发展的方针政策没有变，我们致力于为非公有制经济发展营造良好环境和提供更多机会的方针政策没有变"。

近年来，随着我国经济由高速增长阶段转向高质量发展阶段，一些高负债、摊大饼、粗放经营的民营企业，在转型中遇到较大困难；一些过分追求短期利润的民营企业，暴露出创新动力不足、环保意识淡薄等短板。在这种背景下，有人认为民营经济已经完成其阶段性历史任务，出现一些以"离场论"为代表的否定和怀疑民营经济的言论。

2018年，习近平总书记在给民营企业家回信及民营企业座谈会上着重强调："民营经济的历史贡献不可磨灭，民营经济的地位作用不容置疑，任何否定、弱化民营经济的言论和做法都是错误的。"有力回击了"民营经济离场论"，并为民营经济进一步发展指明方向。

2020年初，新冠肺炎疫情席卷全球。广大民营企业特别是中小微民营企业受到了很大冲击。首先，疫情冲击使得社会总需求下降，需求结构发生巨大变化。民营企业中相当一部分属于服务业，疫情影响下服务业中包括餐饮、娱乐、商场、百货、旅游、交通运输等行业时刻面临着不稳定因素，行业风险较大；另一方面线上娱乐、线上教育、生鲜超市、水果店、快餐外卖等获得快速发展。同时，民营企业中分量最重的制造业也受到了冲击，全球化使得社会分工越来越细，全球供应链不断扩展、深度交织，一个环节出现问题，就会影响整个产业链的上下游企业，给民营企业带来了系统性风险；再者，以美欧为首的西方国家借疫情挑动单边主义和经济逆全球化，对国内制造业的发展产生了不利影响。在此背景下，我国坚持继续高举全球化大旗，更合理的发挥市场对资源的优化配置作用，更好地形成全球各地、各国、企业之间的分工配置、维护国际良性大循环。同时为了应对国际形势不稳定的系统性风险，2020年7月，习近平总书记提出了

"面向未来，我们要逐步形成以国内大循环为主体、国内国际双循环相互促进的新发展格局"。

安徽省发挥自身地处长三角，同时是中部地区与长三角联动发展的桥头堡的区位优势，集聚配置各类要素资源，积极构建以国内大循环为主体、国内国际双循环相互促进的新发展格局。

2020年，安徽省全省新增民营企业33.3万户，达156万户，增长15.9%；同时每万人拥有企业数244户。民营企业总量、人均都是十二五末的2.7倍。十三五的前四年，全省民营经济增加值年均增长8.7%，比GDP平均增速快0.5个百分点，对GDP增长贡献率始终保持60%以上。截至2020年末，安徽省民营经济增加值达到2.34万亿，占GDP比重60.5%；民营经济纳税额为2944亿元，占比68.1%；民营企业进出口总额2762.5亿元，占比51.1%，首次超过一半比重。规上民营工业企业1.7万户，占比92%，利润占比60.6%。2020年安徽省民营企业百强榜单入围门槛突破40亿元，达到了42.03亿元。100强民营企业的营收总额达到了1.25万亿，利润总额607.31亿元，双双迈上了新台阶。

三、安徽省民营经济发展的特点

改革开放以来，中国经济保持了长期超过两位数的高速增长率，国民经济实力大幅提升，所取得的成就令世界瞩目。其中，民营经济（非公有制经济）在稳定增长、促进创新、增加就业、改善民生等方面做出了卓越贡献。以中部代表性省份安徽省为例，安徽省民营经济贡献了全省60%的GDP、近70%的税收、70%的技术创新成果、80%的城镇劳动就业、超过90%的企业数量。

（一）安徽省民营经济发展取得的成绩

1. 经济发展速度加快，规模不断壮大

2010年以来，安徽省民营经济保持着高速度、高质量增长。2014年安徽省民营经济增加值首次突破万亿元大关。2018年安徽省民营企业首次突破100万户。

2020年安徽省民营经济实现增加值2.34万亿元，增长3.6%，占全省GDP的比重为60.6%，较上年增加0.2个百分点，民营经济占比继续提升。民营经济对全省经济增长的贡献率达57.5%。市场主体快速增加，截至2020年底，全年新增注册民营企业33.3万户，达到156万户；个体工商户新增44.5万户，达401.5万户；规上民营工业企业1.7万户，占全省规上工业企业数量92%。全省私营企业注册资本达9.67万亿元，其中注册资金亿元以上私营企业5233户，较上年增加521户。个体工商户注册资金总额5441.4亿元，增长26.2%。

由此看出，近年来，随着民营经济不断发展壮大，已从安徽省经济的"有益补充"发展为"半壁江山"，成为支撑全省经济持续稳定增长的重要力量。

2. 民营企业的质量和效益持续优化

2021年10月安徽省民营企业百强榜单发布，榜单显示2020年百强企业入围门槛、营收总额均创新高。营收百强入围门槛达42.03亿元，较上年增加5.15亿元。百强营收总额突破万亿元大关，达12572.44亿元，较上年增加2658.25亿元。制造业综合百强营收总额为8201.19亿元，服务业百强营收总额为5121.97亿元，分别较上年增加2103.43亿元、884.24亿元。经济效益方面，营收百强利润总额为607.31亿元，制造业综合百强利润总额为552.47亿元，服务业百强利润总额为364.71亿元，分别较上年增加9.93亿元、66.82亿元、44.61亿元。

3. 民营企业科技创新能力不断增强、新兴产业渐具规模

2020年安徽省民营企业营收百强榜单中，从产业结构看，有58家上榜企业属于十大新兴产业。其中，智能家电产业10家，新一代信息技术产业7家，节能环保产业6家，新能源汽车和智能网联汽车产业6家，高端装备制造产业5家，绿色食品产品5家。联宝（合肥）电子科技有限公司在电子信息产品终端整机制造领域具有领先优势，科大讯飞股份有限公司在智能语音核心技术领域保持国际前沿水平。智能家电、新一代信息技术、节能环

保以及新能源汽车和智能网联汽车等产业也已具有较强的规模优势。

民营企业创新能力不断增强。随着市场经济的进一步完善，市场主体的日益多元化，企业的组织形式和出资方式也更加灵活。更多民营企业倾向于建立现代公司制企业，同时更加注重技术创新。越来越多的中小企业将创新作为核心发展战略，构建了以市场为导向、产学研相结合的技术创新体系，企业创新能力不断增强，技术水平加速提升，形成了一批在国内外市场享有知名度的高科技产业，不仅使企业获得了良好的经济效益，同时也收获了较高的社会效益。如合肥科大讯飞公司近年来不断进行技术创新，目前已成为国内在语音技术领域基础研究时间最长、历届测评成绩最好、专业人才最多及市场占有率最高的公司，其智能语音核心技术代表了世界的最高水平。截至2020底，全省民营高新技术企业已达8300家，占全省高新技术企业的97%。民营企业发明专利授权量达11481个，占全省的53.6%。

4. 民营企业专业化水平逐步提高，出现产业集聚的现象

近年来，安徽省各地方政府依据地方产业特色，扶持引导当地民营企业做大做强，产业集聚态势凸显，战略性新兴产业快速发展，已建成四个国家战略性新兴产业集群。2020年安徽省战略新兴产业有70%以上的产值由新一代信息技术、新材料、生物和新能源汽车产业贡献；从区域来看，50%以上的产值由合肥、芜湖、滁州贡献。

合肥市蔚来汽车、科大讯飞等引领了软件和集成电路、新能源汽车、光伏和智能语音等产业发展。21世纪初，合肥大力引进国内外家电巨头，打造了中国家电之都，市场份额自2011年起常年居全国第一，为智能家电的发展奠定了基础。2008年起陆续引进京东方、联发科、长鑫等企业，投资半导体和晶圆产业，芯片产业和新型显示产业迅速发展。2020年合肥市百亿投资蔚来汽车，及时入局新能源汽车产业，未来将为合肥打造数千亿元产值的智能电动汽车产业链，使合肥成为具有世界影响力的新能源汽车之都。

芜湖奇瑞汽车带动了周边汽车产业链上下游中小企业的发展，形成了

汽车及汽车零部件产业集群，并拥有海螺集团引领的新型建材工业群，在北京双鹤药业、通化金马、芜湖华兴等药企带动下形成生物药业工业群，通过外引内联形成了以福建实达、广东美的、利龙电器为主的电子电器产业群。

滁州市博西华、康佳、扬子在内的众多家电企业带动了智能家电及电子信息产业发展，是安徽省首家国家级家电设计与制造特色产业基地。同时当地大力推动新兴产业发展，加快制造业升级，目前具备智能家电及电子信息、先进装备、健康食品、新型化工、硅基材料、新能源新材料等六大主导产业。

池州市围绕半导体检测、装备制造等领域，进行补链、壮链招商，并通过专项扶持资金、产业发展基金和股权投资等方式支持半导体产业集聚发展基地内企业创新能力建设。安芯电子科技股份有限公司依托安徽省功率半导体分立器件实验室的技术支撑，陆续研发出一系列先进产品，目前正积极筹备科创板上市。

5. 民营经济营商环境不断优化

2018年11月1日，习近平总书记在民营企业座谈会上明确要求要不断为民营经济营造更好的发展环境，帮助民营经济解决发展中的困难，支持民营企业改革发展。2019年11月党的十九届四中全会提出优化政府职责体系，厘清政府和市场、政府和社会的关系，深入推进简政放权、放管结合、优化服务，深化行政审批制度改革，改善营商环境，激发各类市场主体活力。

安徽省政府坚决贯彻执行党的方针政策，提出落实减税降费、加大有效信贷投放、大力优化公平竞争市场环境、进一步放开市场准入并加强市场监管、积极鼓励引导民营企业加快改革创新、加快建立现代企业制度等政策，并深入推进"放管服"改革。近年来，安徽省在打造"四最"营商环境、开展"四送一服"、加强市场主体保护、优化市场环境、提升政务服务等方面出台了一系列政策，形成了大量行之有效的经验、做法。"四最"营商环境包括：努力建成全国审批事项最少、办事效率最高、投资环境最优、市场主体和人民群众获得感最强的省份之一。

以打造新型全省政务服务"皖事通办"为目标，加快推进全省网上政务服务平台（2018年9月安徽省推出"皖事通"APP以实现政务服务"一网通办"）、各地政务服务中心建设、综合窗口集成服务改革"只进一扇门""最多跑一次"改革和建立政务服务"好差评"制度等；紧扣"长三角区域一体化发展"主题的长三角法治营商环境协同机制；在企业开办方面实行统一的企业登记业务规范；各级政务服务中心推行每周7天、每天24小时全天候"随时办"服务等。

2020年安徽省人民政府第290号令《安徽省实施〈优化营商环境条例〉办法》使安徽省优化营商环境有关政策做法上升到规章制度层面，使其进一步系统化、规范化，增强权威性、时效性和法律约束力。同时有针对性地解决安徽省优化营商环境实际工作中存在的问题，将持续优化安徽省营商环境。

6. 政府助力打造民营企业成长链条

在打造企业成长链方面，按照"双创→成长小微→专精特新→冠军企业→小巨人企业"成长路径，着力构建覆盖中小企业成长全生命周期的培育体系。梯次培育、接续支持，聚焦打造专精特新，在项目、融资、服务等方面全方位扶持。

鼓励各地政府对符合条件的企业落实"三首一保"奖补贴，奖励"小升规"工业企业，对国家级"小巨人"、制造业单项冠军及省级专精特新、冠军企业按照省委、省政府相关文件规定给予奖补。建立"独角兽"企业发现和培育机制，提供投融资、辅导培训、技术对接等服务。

十三五期间安徽省累计培育成长型小微企业350户、专精特新企业2818户、省专精特新冠军企业100户，涌现出国家级专精特新小巨人企业80户。新增民营上市企业44家，规上民营工业企业新增0.59万户，分别比十二五末期增加了169.2%、53.2%。

7. 民营经济融资环境持续改善

为解决民营中小微企业资金短缺的问题，安徽省政府陆续出台多项支持政策，加大金融服务实体经济力度。各类措施为民营企业融资构建了有利的融资环境，民营企业的融资规模进一步扩大。

促进直接融资方面，明确要求各类金融机构要加大对涉农、小型微型民营企业信贷支持力度，确保两类贷款的增速不低于全省各类贷款平均增速。搭建融资平台，组织金企对接。发展担保机构，强化担保增信支持，并在全国范围内创新推出"4321"新型政银担业务。引导金融机构完善信贷管理机制，创新信贷产品、创新金融产品及服务等。2021年7月底，安徽省银行业小微企业贷款余额突破2万亿元，增速高于各项贷款平均增速。

此外，政府大力拓宽民企直接融资渠道。鼓励民营企业上市，针对上市后备企业提供辅导培训、投融资指导、结束对接等定向服务，解决其疑难问题，对成功上市的企业给予奖励等。并开展上市企业后备资源库摸排工作，挖掘和培育更多的优秀民营企业。2011—2020年，安徽省新增54家民营上市企业，2020年底，民营上市企业达70家，市值为8757亿元。同时支持民营企业利用债券融资，如规定对成功发行企业债、公司债以及其他债务融资工具的中小企业给予发行额度的奖励。

（二）安徽省民营经济发展存在的不足

1. 民营企业数量仍然较少且影响力不足

从整体来看，安徽省民营企业数量仍然较少且影响力不足，2020年全省万人拥有民营企业数量为244家。同期浙江省民营企业数量为260万家，每万人拥有民营企业数量为444.4家；江苏省民营企业数量为333.4万户，每万人拥有民营企业数量为413家。

2020年我国民营经济产值排名前五的分别为：江苏省民营经济增加值为5.8万亿元；浙江省民营经济增加值为4.28万亿元；山东省民营经济增加值为3.8万亿元；福建省民营经济增加值为3万亿元。

新浪财经2020年中国民营企业500强中（根据营收规模排名），安徽省上榜企业仅5家，与排名前四的浙江省、江苏省、广东省、山东省相比，存在较大差距。

表2-8　2018中国500强民营企业所在省份（直辖市）TOP10榜单

	1	2	3	4	5	6	7	8	9	10
地区	浙江	江苏	山东	广东	河北	福建	湖北	北京	上海	重庆
上榜数量	92	83	61	60	33	22	18	17	15	15

表2-9　2019年中国500强民营企业所在省份（直辖市）TOP10榜单

	1	2	3	4	5	6	7	8	9	10
地区	浙江	江苏	广东	山东	河北	福建	湖北	山海	北京	重庆
上榜数量	96	90	58	52	32	21	19	16	14	12

表2-10　2020年中国500强民营企业所在省份（直辖市）TOP10榜单

	1	2	3	4	5	6	7	8	9	10
地区	浙江	江苏	广东	山东	河北	北京	上海	福建	湖北	重庆
上榜数量	96	92	61	53	33	22	21	18	16	13

2. 区域民营经济发展失衡

安徽省区域经济发展不平衡，民营经济同样如此。2020年安徽省民营企业百强榜单发布，从区域分布看，营收百强主要集中在合肥、芜湖、阜阳和滁州四市，合肥以39家企业位居榜首，芜湖有14家企业入围，位居第二，阜阳和滁州各有9家企业入围，并列第三。制造业综合百强主要集中在合肥、芜湖、滁州，三市分别以29家、14家、11家位居前三名。服务业百强主要集中在合肥、阜阳、滁州，三市以43家、18家、9家分列榜单前三名。

省内城市中省会城市合肥市民营经济发展一枝独秀，芜湖市紧随其后，阜阳、滁州市民营经济发展亦可圈可点。入围安徽省营收百强、制造业百强、服务业百强的民营企业主要集中在沿江城市带和合肥经济圈，皖北地区民营企业进入百强序列的比重相对较小。相比之下，皖北城市民营经济发展较为落后，未来仍有广阔空间。皖北地区应更加注重带动力强的龙头企业培育，一方面是通过政策引导，带动资源向优势企业集聚，推动本土企业上规模；另一方面要注重招大引强，借助外力来培育新型龙头企业，加速皖北地区优势产业集群的形成。

3. 民营经济依然存在融资困境

笔者于2021年初进行市场调研，发放了《金融创新服务安徽省民营经济发展调查问卷》，收回有效调查问卷1841份。问卷中详细搜集了民营企业及个体户的融资需求、融资现状、融资困境，对金融服务创新的意见等信息。发现民营经济主体大多存在资金不足的现状，融资困境依然存在。

（1）金融服务供给总量不足，融资难、融资贵仍然存在。截至2019年末，安徽省本外币各项贷款余额44940.7亿元，增长13.9%。其中，人民币贷款余额44289.3亿元，增长14.1%；当年新增贷款5301.9亿元，同比多增976.7亿元。

全省民营小微企业贷款户数131.8万户，较年初增长26.6万户，贷款余额1.48万亿元，较年初增长11.6%。虽然民营企业贷款余额增长速度加快，但调查显示，安徽省民营企业融资成本普遍偏高，超过半数企业实际融资成本超过了15%，超过70%的民营企业认为金融供给的总量不足，融资存在困难。

安徽省金融服务体系仍待完善，民营企业贷款难、贷款贵，信用担保体系不健全等问题依然存在。在政府及金融机构提供的融资服务方面，专门针对民营企业的融资服务支持力度不够。直接融资市场对安徽省民营企业的支持仍然不足，民营企业的上市融资能力相对较弱，民营企业外部融资难、内源融资不足等制约了民营经济的发展。

（2）金融供给存在结构性矛盾。资金供给的地区结构不平衡。安徽省各地区经济发展不均衡，金融资源同样不均衡，合肥市GDP迈入万亿俱乐部，2020年长江经济带110座城市金融业竞争力榜单合肥市入围前十，芜湖、马鞍山、滁州等城市近年来发展速度也不容小觑。大型商业银行拓展市场时显然青睐大中城市，皖北和皖西南经济实力薄弱的地区以及农村地方往往被忽视，其地方民营企业融资愈发困难，从而更加限制了当地民营经济的发展。

民营企业行业和规模的不同带来融资地位的不平等。目前，已经相对做大的民营企业凭借其良好的信誉和品牌效应，可以较为容易地从外部取得资金，融资环境有所改善。但规模较小的民营企业融资仍然困难，其由于自身实力较弱，不仅缺少内部资金支持，也难以从外部获取资金，因而存在较大的资金缺口。技术含量较高以及所处产业层次较高的企业融资能力相对较强，如生物技术、电子信息等行业。由于这些产业正处于整个行业的发展期，社会资金也倾向于流入这些行业，因而较为容易获得资金；而那些技术含量低的传统产业如制造和餐饮业，融资能力较差。

融资期限矛盾。民营企业不论是初创期还是成长期，资金缺口都比较大，资金需求用途广泛，需要长期的信贷支持。而银行信贷主要提供的是流动资金，期满需要归还。正常情况下企业可以继续申请贷款保证资金循环使用，但一旦企业经营出现困难或者市场环境发生变化，银行出于风控目的不再放贷，则会瞬间引爆企业债务风险，由于众多民营中小企业之间互相担保、互相存在应收应付款等财务、资金上的交叉，资金链上某个企业的破产会导致一系列企业暴雷，对民营经济的打击可见一斑。

4. 民营经济面临转型升级压力

一是制度环境变化给民企带来挑战。中央及地方政府在推动社会主义市场经济发展的进程中，不断加大力度构建法治化、市场化与国际化的市场经济体系，法治体系的健全、市场竞争机制的完善，以及扩大开放引入了更多外资企业参与竞争。大幅加大了民企合规压力、合规成本与竞争压力，民企势必要规范自身行为、合法经营、公平竞争。

二是产业结构有待调整。加入WTO以后，中国制造业快速发展，并凭借产业链齐全成为全球制造业中心。但2008年后为应对金融危机，中国加大基建投资等措施促进了地产业繁荣，却也抬高了制造业成本，导致经济结构有脱实向虚的倾向。表现在民营企业结构上，就是过多企业依附于基建与地产等行业。2020年安徽省上榜全国民营企业500强的5家企业中有2家为房地产业，且文一投资控股集团连续5年以上入围且多年位居安徽省民营企业营收第一名，金鹏控股集团2019年和2020年连续2年入围。总体而言，入围企业数量少，行业集中于房地产业，安徽省制造业企业优势未能充分发挥出来，民营经济产业结构有待调整。

三是成本压力制约民企发展。近几年来，在世界经济低迷、国内经济增速趋缓等因素影响下，民营企业成本压力明显增大。调查显示，过半数的企业受到了用工成本、原材料成本、资金成本上升，人才短缺，税收负担重等因素的制约，生产要素的价格持续上涨和经营管理成本不断上升直接挤压了利润空间，降低了企业的经营效益。另一方面由于国内经济发展到了一定阶段，社会商品生产极大丰富，人们的消费需求不断升级，对于产品和服务的质量、层次等需求要求越来越高，经济转型升级对于民营经济提出了更高的要求。但基于民营经济的内源式发展特点，其转型升级遇到了巨大挑战。

因此，安徽省发展民营经济首先要完善法律法规体系，加大奖惩力度，规范民营企业生产经营等一系列行为。其次是调整产业结构，发展实体经济，注重高端制造业和新兴产业发展。同时注重产业集群发展，降低上游原材料成本，并引导民营企业转变发展方式，从主要依靠资源消耗和投资拉动向主要依靠资源节约和创新驱动改变，从传统产业低端、低附加值的生产方式向现代产业高端、高附加值的生产方式转变。最后建立现代企业管理制度，加大人才引进力度，履行好社会责任，增强民企自身实力应对外部环境冲击能力。

第二节 安徽省民营经济发展的主要因素分析

一、民营经济启动发展的关键因素

（一）传统徽商文化底蕴

1. 徽商文化的发展历程

徽商，又称徽州商人、新安商人，旧徽州府籍商人的总称。徽商始于南宋，发展于元末明初，形成于明代中叶，盛于清代中前期，至中晚期日趋衰败，前后达六百余年，称雄三百年，是中国十大商帮之一。在中国商业史上占有重要地位。

古徽州交通闭塞、空间逼仄，鼎盛时期人口近400万人，以当时的生产条件，一方水土很难养活一方人。面对窘迫的生计，徽州人不是苦等苦熬，而是穷则思变，走出大山、走出国门，足迹不仅遍及全国，还远至日本、朝鲜、东南亚乃至西欧，成为古丝绸之路上的重要商贸力量。

徽商来自安徽省南部的徽州府，包括歙、休宁、婺源、祁门、黟、绩溪六县，即古代的新安郡。六县之中，歙和休宁的商人特别著名。徽商在宋代开始活跃，全盛期则在明代后期到清代初期。中国历史上的著名商帮，徽商皆处于贫困山区，种地无以生存。明代《安徽省地志》所说的：徽人多商买，其势然也。《徽州府志》载：徽州保界山谷，山地依原麓，田瘠确，所产至薄，大都一岁所入，不能支什一。小民多执技艺，或贩负就食他郡者，常十九。顾炎武说：徽州中家以下皆无田可业。徽人多商贾，盖势其然也。

徽商们往往是官、商一体。徽商一旦发迹，衣锦还乡，大兴土木，建楼院、祠堂、修路桥、会馆，以荣宗祖，壮大势力；特别热衷于开学堂，办试馆，培养封建人才，巩固宗法统治。明、清时，徽州名臣学者辈出，仅仅五个小县城的进士（中国古代考试中的一个级别）就有2018人，而歙县一地，明、清既有43人列入诗林、文苑，出现过"连科三殿，十里四翰林"、父子同为"尚书"（一种朝廷里的官职）、兄弟两个一起为"丞相"（朝廷中的高官）的逸事，造就了诗书礼仪之风，培育了竞相怒放的徽学之花，给后人留了异彩纷呈的人文景观和历史景观。

徽人经商，源远流长，早在东晋时就有新安商人活动的记载，以后代代有发展，明朝成化、弘治年间形成商帮集团。明清时期，商品经济空前活跃，徽商主要经营盐、典当、茶叶、木材四大行业，当时在江南流传有"无徽不成镇"的谚语，徽商成为全国最大的商帮之一。

作为古代中国商界中的一支劲旅，徽商商业资本之巨，从贾人数之众、活动区域之广、经营行业之多、经营能力之强，都是其他商帮所无法匹敌的，所以能在中国商界称雄数百年。

2. 徽商文化的优秀品质

（1）基于地缘和业缘关系的"徽骆驼"精神。儒家强调勤奋踏实、不畏艰险、百折不挠等精神品质，即"绩溪牛"的精神，胡适认为在徽州商人身上即具备这样的精神品质。所谓"徽之俗，一贾不利再贾，再贾不利三贾，三贾不利犹未厌焉"，正是对徽商百折不挠、开拓进取品质的生动写照，胡适将徽商的这种文化精神称之为"徽骆驼精神"。骆驼，可适应沙漠这样极端的恶劣环境，耐苦、耐磨、能涉远，恰如徽州商人的特质。徽州人做生意，一旦经深思熟虑，设定好了目标，便会抱定不达目标不罢休的决心，他们外出经商，据说会带三样东西：网兜、绳子、米粉，其中绳子的作用一说是用来补网兜，还有一说则是在失败后用来结束生命，固然这种说法过于偏激，但由此窥一斑而知全豹，显示了徽商的文化精神品质。此外，徽商受儒学思想影响深远，他们将和为贵践行到了所有的商业活动中，形成了团结一致、互帮互助的商帮文化风貌，于是不同的徽州商人以地缘、业缘关系为基础，建立起了徽州商帮，抱成一团，从而赢得更大的市场，徽商的踏实肯干、不折不挠、团结协作的徽骆驼精神是其取得巨大成功的重要因素，也是"无徽不成商"的商业态势形成的主要原因。

（2）重诺守信的商业品行。儒家对诚信精神极为推崇，认为"人而无信，不知其可也"。以朱熹为代表人物的新安理学也将诚实守信作为重要的伦理道德规范，非常重视"诚笃""存诚""立信"等为学之道，"以诚待人，以信接物"是其人际关系处理的重要原则。"人道惟在忠信，人若不忠信，如木之无本，水之无源"，儒家关于诚信理念的重视使徽商受到了深刻的影响，将诚信经营视作安身立命之本，而崇尚信义、诚信服人也成为徽商精神中最核心的特点。在徽商300多年的发展历史中，是诚信经商的精神品质使其赢得了众多消费者的认可和赞誉，从而拓展出更为广阔的发展空间，他们对产品质量及品牌名誉的重视对今天的企业发展都具有积极的借鉴意义，而在经营理念中践行仁义、诚信的商德信条，打造健康向上的商业伦理规范也非常值得今天的企业学习。徽商认为商业信誉贵过珍宝，维护商业信誉就是在维护商业活动本身，"以义取利"，则可"不言利而利自绕"，正确的义利观必然是建立在诚实守信的基础之上。

（3）文商交融：重视文化教育。徽州商人具备扎实的儒学文化功底，他们的成长与发展都是伴随着对儒文化的学习和崇信而进行的。贾儒交融，在商业经营中融入文化元素是徽商的基本特点，他们虽然追逐利润，却以义取利，在逐利的同时坚持读书学习，保持高雅的生活情趣。"凡金石古文，手摹指画，无所不习"，徽商的骨子里透露的是儒家精神，因此，他们是商人，更是儒商。徽州当地自古以来就非常重视教育，明清时期，私塾林立，"十户之村，不废诵读"，儿童接受着良好的儒学教育，为以后的入仕及第打下基础。历史上徽州籍的状元、进士、举人颇多，"一门八进士，两朝十举人"，一度造就了科举的繁荣，而在贸易中取得成功的商人又极力支持和倡导新安画派、新安文学、徽戏、徽菜等特色文化的发展，使徽州文化在全国范围享负盛名。在徽州商人的认知中，教育和商业相辅相成，互为助长，这从当地一所民居中的楹联即可洞知：读书好，营商好，效好便好；创业难，守成难，知难不难。徽商从未因商而废书，他们在经商同时不断学习，修身养性，将个人修养的淬炼视作与商贸同等重要的事情；同时，对于后代子孙，他们为其创造良好的教育环境，明清时期，徽州地区的书院就已达到将近60所，清朝中期新式学堂盛行，商人子弟中开始有更多的人接受近代教育。

（二）改革开放的先驱——"小岗精神"的引领

小岗村属于安徽省滁州市凤阳县，地处江淮分水岭，淮河中游南岸，旱涝灾害频繁，给凤阳人民带来了无尽的苦难。明清时代，凤阳一带是"三年恶水三年旱，三年蝗虫灾不断"的灾区。贫穷和苦难正是凤阳花鼓诞生的摇篮，遇到灾年，凤阳人民逃荒外出时以凤阳花鼓卖唱乞讨。凤阳花鼓正是在这种环境下获得广泛传播的。这也正是凤阳人民的苦难史。小岗村位于凤阳县小溪河镇西南部，处于山岗丘陵之中，易涝易旱，频发自然灾害。地理位置比较偏远，环境气候恶劣，这也间接造就了小岗人民天生所具有的敢闯敢干、敢为人先的精神特质。

（三）资源禀赋决定了安徽省应当重视发展民营经济

1978年小岗村18户农民冒着极大的风险签了一份"秘密协议"，将生产资料、土地等按人头分到每家每户，"分田单干""包产到户"宣告安徽省民营经济的正式萌芽。这也是当时的自然条件、经济基础等资源禀赋决定的。

虽然安徽省处于中部平原地区，又紧靠中国最富裕的江浙地区，但安徽省经济基础薄弱，人民生活水平较低。1978年，安徽省常用耕地面积为6624.2万亩，人均不到1.6亩，农民人均年收入仅131元。安徽省西部有大别山山脉，南部是黄山山脉及其余脉，山区土地贫瘠，种地难以维持生计。

安徽省的另一地理特征是整个省域被两条大河从中横切，跟湖南、江西、山西河流图不一样，以上三省河流是南北向的，而安徽省是东西向的。北部淮河、南部长江将安徽省横截成为皖北（淮河以北）、江淮（淮河与长江中间）、皖南（长江以南）三个地区。

淮河与长江对安徽省的影响，远远不止气候和生活习惯方面。江淮平原主要是由长江、淮河冲积成的平原，地势低洼，海拔一般在5~10米，中部海拔只有2~4米。因此，江淮平原容易汇集湖泊，也容易遭水灾。皖北地区，也是黄河冲积平原，地势同样低矮，水患频发。

安徽省境内主要河流——淮河，发源自河南，经安徽省、江苏，大部分通过入江通道最终汇入黄海。淮河在河南地区支流众多，6到8月梅雨季节降雨量增多，一旦出现暴雨天气，众多支流河水冲进淮河，雨水一时难以疏散，淮河两岸安徽省人民经年面对滔天水患，苦不堪言。

严峻的自然条件，加上矿产资源不丰富，造就了安徽省薄弱的经济基础。广大农民生活困苦，也很难在计划经济体制下脱贫致富，通过自主创业，来获取收入。因而可以说，安徽省启动和发展民营经济，是面对严峻的自然条件和资源禀赋不足的现状下必然的历史选择。

二、安徽省民营经济持续增长的关键因素

（一）动力源泉：徽商精神与"小岗精神"

基于历史文化积淀、区域自然条件等因素，农村联产承包责任制逐渐从小岗村向安徽省全省推广开来，民营经济也正式启动，具有国内先发优

势。随着国家对民营经济地位、作用的认识不断深化，关于民营经济的各项法律制度逐步建立和完善。基于历史悠久的徽商文化积淀，安徽省民营经济启动发展后逐渐形成了新时代的徽商精神。徽商精神和小岗精神的引领使得安徽省民间蕴含的创业、创新精神充分释放，为安徽省民营经济的机制、体制创新提供了不竭的动力。

徽商精神的特点主要体现在以下方面：

1. 审时度势、开拓进取的创业精神。"徽人不待家，经商走四方"。徽商不封闭守旧，家乡虽处于山区，生存空间狭小。但徽商审时度势，眼光向外，毅然走出山门，闯荡四方，哪里有生意就往哪里去。徽商以开放的气度、开拓进取的创业精神创造了广阔的事业天地。

2. 艰苦创业的奋斗精神。素以"勤于山伐，能寒暑，恶衣食"著称的徽州人，都能肩负父兄、家族生存发展的重负，义无反顾地"离世守之庐墓，别其亲爱之家庭""近者岁一视其家，远者不能以三四岁计"。徽商程某，联合同族志同道合者十人合伙经商，他们盟誓，三九严寒不喝酒，三伏酷暑不戴帽，艰苦创业，十人终于发迹。

3. 诚实守信的职业道德。徽商成功最根本的原因在于诚实守信的良好品质。一是以义为先，重义轻利；二是重承诺，崇信誉；三是诚实经商，童叟无欺；四是货真价实，讲求质量；五是团结互助。将这五个方面归结到一点就是诚信，具体到经营策略上就是以德治商。徽商不惑于眼前利益，大都通过长期艰苦努力去建立良好的商业信誉，并极力维护这种信誉，视之比金钱更宝贵。

4. 同舟共济的协作精神。有着共同血缘或者地缘关系的徽商，有着很强的亲缘和地缘认同。因为固有的"乡谊观念""宗族意识"和血缘关系，他们形成了以众帮众、相互提携的传统，具有较强的凝聚力、向心力，易于结成牢固的团体。徽商基本上是一个以血缘、地缘、人缘为纽带，建立起广泛而有效经商网络的商帮。

5. 兼济天下的家国情怀。徽商一直秉承着"国家兴亡，匹夫有责"的家国情怀。从早期徽商不辞劳苦运粮输边，到明中后期徽商积极参与抵抗倭寇侵略的斗争，乃至近代徽商为了抵御外国入侵，踊跃捐资捐物。无论是抵御外敌还是建设家园，他们乐善好施、赈灾济贫、修桥铺路、开办学堂，彰显出徽商兼济天下的家国情怀。

"小岗精神"的引领体现在：

40多年来，敢闯敢干、敢为人先的小岗改革、小岗创新，始终给人以深刻印记，给人以强大精神驱动力。改革过程中呈现的敢于尝试、敢于突破、为民服务等多维特质，赋予了小岗精神活的灵魂，铸造了小岗精神具有自身独特烙印的标签，不断巩固小岗精神"改革"与"创新"之强大内核。小岗精神，赋予安徽省人民及安徽省企业家"自强不息、团结互助、敢闯敢干、求进求变、创新创业、履责担当"的可贵品质。而面对当前复杂严峻的国际国内环境形势和艰巨繁重的任务目标，以小岗精神激发改革创新动力、凝聚改革创新共识、提升改革创新效率等重要意义更加凸显。

（二）核心推动力：政府的政策引导支持与管理

在改革开放初期，安徽省各级政府对民营经济采取了许多保护政策，如支持个体私营企业挂户经营，将股份合作制定性为集体经济等，减轻了所有制的歧视压力，有效保护了私有产权，促进了民营经济的迅速发展。

1992年以后，随着中央宏观政策的调控，国家意识形态的转化。省委、省政府多次出台促进和扶持个体私营经济的重大政策，大胆消除各类偏见和政策歧视，让个体私营企业经营者"经济上有优惠、社会上有地位、政治上有荣誉、事业上有作为"的政策性号召得到各地广泛响应，各地政府主动为个体私营企业松绑放权，在注册、用地、部门服务方面与公有制一视同仁。20世纪90年代后期随着区域经济竞争的加剧，安徽省地方政府积极调整角色，转换政府职能，主动介入区域市场体系发育和经济发展过程，为民营经济提供更加强大的激励和有利的政策支持，行使规范的"规划、引导、监督、服务"等现代政府职能，成为民营经济发展的强有力推动者。安徽省2014年政府工作报告强调"全面落实支持非公有制经济健康发展的政策措施"，大力发展民营经济。2018年，安徽省委省政府出台了"民营经济30条"，进一步为民营经济发展助力。

1. 为民营经济发展提供有力的政策支持

（1）不断放宽市场准入门槛，扩展民营经济投资经营领域。20世纪90年代安徽省委、省政府就提出，凡是适合家庭分散经营的行业、产品，均允许个体私营企业经营，对其速度、资产比例、经营方式、规模不加限制。一系列支持政策使得安徽省民营企业拥有了更加广阔的发展空间。2018年安徽省积极发展混合所有制经济，提高民营资本在混合所有制企业中的比重，减少民间资本市场准入限制，全面实施市场准入负面清单制度，推动"非禁即入"普遍落实，开展招投标领域专项整治，规范有序推广政府和社会资本合作（PPP）模式。

（2）加大财税支持力度。安徽省政府根据中小企业促进法要求，在省财政设立了中小企业专项扶持资金。在相关政策支持下，安徽省政府引导中小企业发展专项资金、产业结构调整资金等各项财政资金加大对非公有制经济发展的支持力度。并推动相关部门加快研究落实非公有制经济发展的税收扶持政策。

2010年，安徽省《关于进一步促进非公有制经济和中小企业加快发展的实施意见》新增大力实施非公有制经济和中小企业创业创新工程、推进非公有制经济和中小企业结构调整与发展方式转变、鼓励非公有制企业和中小企业提升管理水平和开拓国内外市场等条款。2018年安徽省促进民营经济发展"30条举措"强调确保严格落实税费政策、降低制度性交易成本、降低用地用能成本、降低用工成本。2018年前三季度已减免企业税费737.4亿元。

（3）加大金融支持力度。2007年中央1号文在支持非公有制经济发展方面提出：加大信贷支持力度、拓宽直接融资渠道、建立健全投融资机制、加强中小企业信用担保体系建设等措施。

安徽省随即出台多项支持中小企业发展的金融政策，着力搭建各种融资平台，全面推进中小企业金融服务专营机构建设，完善中小企业信贷管理机制。

完善非公有制中小企业的资信评估制度。引导各类金融机构加强与非公有制企业开展银企合作，创新金融产品，扩大服务范围。明确要求各类金融机构要加大对涉农、小微民营企业信贷支持力度，确保两类贷款的增速不低于全省各类贷款平均增速，从而扩大金融机构对非公有制经济的信贷投放力度。

加强资本市场体系建设。鼓励非公有制企业通过股权融资、项目融资、债券融资等方式筹集资金。从非公有制企业中培育优质上市后备资源，支持符合条件的非公有制企业上市发行股票或企业债券。支持实力较强的非公有制企业通过境外上市、引进境外战略投资者等方式从国际资本市场融资。

政府积极组建了许多中小企业信用担保机构，为中小企业融资提供信用担保、融资咨询等服务。积极创造条件建立信用担保基金和区域性信用担保机构。加强对担保机构的指导和监管，建立和完善信用担保的行业准入、风险控制、补偿机制等，引导和支持担保业健康发展。

（4）改革要素市场相关制度，为民营经济提供充分的生产要素支持。从农民发展适度规模经营，到鼓励涉农企业以及农业龙头企业租赁土地开发。土地要素的逐渐市场化，为民营经济发展提供了强有力的要素支持。与此同时，1999年安徽省出台了估计技术要素参与收益分配的办法，促进高新技术产业的发展，提高安徽省的科技竞争力。同时，安徽省加大人才引进力度，推动人才补贴政策。十三五期间，安徽省引进院士等各类人才2000余名，国家实验室、综合性国家科学中心、大科学装置集群获批布局安徽省，一大批创新成果在江淮大地开花结果。

（5）强"链"扩"群"，发挥产业集群优势。20世纪90年代以来，安徽省各地政府纷纷积极推动地方经济发展，打造地方经济特色，规划工业园区，基础设施共建共享，土地集约使用，污染集中治理，促进经济由粗放式发展向集约式发展转变，逐步形成后期产业集聚的基础。

2010年1月12日由国务院正式批准的首个国家级承接产业转移示范区——皖江城市带承接产业转移示范区落户安徽省，其范围包括合肥、马鞍山、芜湖、铜陵、安庆、池州、宣城、巢湖、滁州等九市及六安市的金安区和舒城县，共59个县（市、区）。皖江城市带的发展加速了中部崛起。并大力发展以汽车、装备制造、家用电器等先进制造业为支撑，以新材料、新能源、节能环保、通信等新兴产业为先导，以金融、文化、物流、会展等现代服务业为特色的产业集群；以出口加工、汽车制造、动漫创意为特色的产业集群；以铜产业为主的产业集群；以马钢为主体的产业集群；以石化产业为主的产业集群；以现代农业、生态林业、绿色旅游为特色的产业集群。

十三五以来，安徽省围绕创新链布局产业链，围绕产业链布局创新链，强"链"扩"群"成为安徽省民营经济发展新关键词。在新能源汽车领域，除江淮、奇瑞外，安徽省还集聚了大众、蔚来、比亚迪等车企，初步构建了整车—电池—电机—电控的全产业链。

一条条产业链，"牵引"出一个个产业群。2020年安徽省已经形成50多个产业集群及近百个产业集群专业镇。十四五期间，安徽省将聚焦人工智能、量子信息、集成电路、生物医药、新材料、高端仪器、新能源等重点领域，瞄准"卡链""断链"产品和技术，以及工业"四基"瓶颈制约，扩容升级科技创新"攻尖"计划，实施省科技重大专项、重大创新工程攻关、重点领域补短板产品和关键技术攻关等计划。目标培育新型显示、集成电路、新能源汽车和智能网联汽车、人工智能、智能家电5个世界级战略性新兴产业集群；培育形成一个万亿级产业、十个左右千亿以上产业、百个左右"群主""链长"企业……创新引领，安徽省为十四五高质量发展擘画了新图景。

（6）培育市场中介组织，提升社会服务水平。充分发挥行业组织的作用。政府通过转变职能，把原来由政府承担的部分管理和服务职能让渡给各类行业的中介组织，理顺政府与企业之间的关系。20世纪80年代以来，行业协会如雨后春笋般崛起。2007年合肥市发布行业协会管理办法，进一步规范行业协会的成立条件、申请流程，并赋予行业协会11项具体职能。安徽省行业协会得到了规范发展，2016年9月安徽省首批49家行业协会商会（覆盖软件、汽车、信息家电、医疗器械、医药行业、餐饮、食品、酒业、棉纺织业、矿业、道路运输、家政服务、旅游业、保健品、粮食等各行各业）将与行政机关脱钩，在相关政策法规的规范下独立运行。在政府的积极支持和引导下，这些行业组织在推进产业发展规划、行业自律、维护行业权益、推进协税护税、参政议政，协调企业间、行业间、企业与政府间的关系，协助政府进行监督管理等方面发挥了重要作用。

提升对民营经济的社会服务水平。近年来安省政府推动各地各相关部门及时出台配套政策，并推动各项政策落细、落实、落地，切实帮助民营企业纾难解困。搭建中小企业融资平台，建立完善的人才服务体系，支持民营企业科技创新，营造公平竞争环境，构建亲清新型政商关系。

2. 引导区域经济、民营经济发展方向

20世纪末，安徽省的经济发展明显落后于东部及沿海省份，探寻崛起之路刻不容缓。在国家政策的利好下，安徽省政府大力推动铁路、公路交通等基础设施建设，积极迎接长三角、东南沿海地区产业转移。2006年，安徽省正式提出"工业强省"的发展思路，"工业强省"第一次被作为发展战略写入安徽省的十一五规划，并作为十一五推动安徽省经济发展的第一抓手。2007年10月安徽省委、省政府向全省上下发出《关于工业强省的决定》，提出要依据本省现有资源，打造在全国乃至世界上具有较强竞争力的汽车、装备设备制造、钢铁、有色金属冶炼加工、金属优质材料工业、重化工、能源、农副产品加工、信息电子、生物技术产业等十大工业基地。上述战略为安徽省测经济社会发展指明了方向。

在上述重要战略基础上，安徽省还为促进民营经济健康发展出台了相关具体政策。

一是实施品牌战略。安徽省政府大力支持民营企业争创国内国际知名品牌，塑造徽企新形象，提升产品市场竞争力。按照习近平总书记"推动中国制造向中国创造转变、中国速度向中国质量转变、中国产品向中国品牌转变"的重要指示，实现"品牌经济占六成"的发展目标，加强安徽省内企业的品牌建设。2017年10月起，安徽省经信厅启动"精品安徽省"品牌宣传，旨在为中小企业提供一个宣传平台，扩大省内企业产品宣传范围，提高知名度，增强竞争力，提升产品附加值。

二是培育优势产业、特色产业，推进民营经济加快结构调整，转变经济增长方式，鼓励民营企业做大做强。2009年安徽省发布了《安徽省九大产业振兴规划》，根据安徽省经济发展的基础，重点促进钢铁工业、汽车产业、有色金属、装备制造业、轻工业、石化工业、纺织工业、船舶工业、电子信息产业等九大优势产业的升级，推动矿产资源向优势企业集中、鼓励企业加快技术改造、提高自主创新能力、支持企业拓宽国际化发展渠道，从而促进安徽省工业领域结构调整、增强产业核心竞争力，确保安徽省工业经济平稳增长、增强后劲再上新台阶。

三是加快技术创新、调整经济结构和增长方式。第六次党代会以来，安徽省各级党委、政府坚持实施科教兴皖战略、高度重视科技工作，先后于1995年和1999年召开全省科学技术大会和科技创新大会，就加强技术创新、发展高科技、实现产业化作了重大部署，出台了重要指导性文件，为全省科技工作指明了方向。并多次在各项规划中指出企业应当提高自主创新能力、加快技术升级。2020年，全省研发人员27.88万人，R&D经费支出883.18亿元，经费支出是2005年的19.4倍。

四是积极引导民营企业实施股份制改革，加快现代企业制度的探索，推动企业做大、做强、做精。安徽省许多民营企业经历了家庭作坊、联户企业、乡镇企业等改革初期的企业形式后，相继进行了股份制改造，实现了投资主体多元化，建立了比较规范的公司制度，甚至还产生了企业财团进行资本运作。有些企业还采取了"虚拟经营"等现代组织形式和管理方式。十二五期间，安徽省推动众多民营科技企业开展企业股权和分红激励重大政策试点。2014年，安徽省对于民企股权改革的进程已从民营科技企业扩展至中小微企业，将遴选30户民企实行经营者和职工持股模式，建立现代企业制度，财政对试点企业发放"改制补贴"。同年制订了国企改革路线图和时间表。其中，鼓励民营企业参与国企改革，鼓励发展民营资本控股的混合所有制企业已被列为改革方向。与此同时，不同所有制之间的股权隔阂正被打破。之后省政府发布《关于推进高成长性产业加快发展的意见》。意见称将通过兼并重组、交叉持股等多种方式积极引入各类社会资本，加快大企业集团产权多元化改革，市场在资源配置中的作用正被前所未有的重视与信任。

3. 规范市场经济秩序，营造公平竞争氛围

公平竞争的市场经济秩序是社会主义市场经济健康发展的必要基础，同时对激发市场主体活力，营造大众创业、万众创新的市场氛围有显著影响。安徽省各级政府不断改革市场监管体制，完善相关政策法规，强化产品质量监管、网络安全监管、知识产权保护、劳动者权益保护、公民信息安全保护以及反垄断等，以此规范民营经济持续健康发展。

首先，建立统一公平的市场准入规则体系。实施市场准入负面清单，清单之外的行业允许各类市场主体依法平等进入，同时加强构建亲清新型政商关系，优化营商环境，提升民营经济主体创新创业积极性。

其次，着力整顿市场经济秩序，加强市场监管，强化知识产权保护。加大反垄断监管力度，依法查处有关平台企业违法经营和不正当竞争行为，防范资本无序扩张和垄断行为。

最后，建立信用制度。2003年，为进一步规范市场经济秩序，优化经济和社会发展环境，全力打造"信用安徽省"，省政府下发《关于加强全省信用建设的决定》，要求加强政府、企业、社会三个信用体系建设，实施"四大任务"。

4. 建设区域基础设施，改善民营经济发展环境

安徽省位于中部平原地区，北临中原第一人口大省河南省，东接江浙沪等长三角重要地带，地理位置优越。20世纪末，安徽省基础设施建设仍显薄弱，地级市池州市铁路尚未修通，安徽省与武汉、云贵广西等西部地区的铁路交通不够便捷。同时省会城市合肥基础设施薄弱，与武汉等中部领先省会城市差距明显。

截至2020年，基础设施体系方面，引江济淮工程全线推进，合肥新桥国际机场改扩建启动实施。池州长江公路大桥建成通车，合宁、合安、合芜高速公路改扩建实现八车道通行。合新、池黄、宣绩高铁及巢马、淮宿

蚌城际铁路先行工程开工建设，商合杭高铁合肥以北段、郑阜高铁开通运营，安徽省全域迈入高铁时代，成为全国第二个"市市通高铁"省份。日渐完善的基础设施体系为安徽省民营经济发展创造了良好的环境。

（三）重要保障：金融支持

民营经济启动阶段，限于当时的政策环境，资金来源较为单一，大部分来自民间金融。党的十五大肯定民营经济"社会主义市场经济重要组成部分"的合法地位后，民营经济进入全面发展时期。国家和地方政府相继出台多项政策加速民营经济发展，同时主导了金融体制改革，引导政策性金融、商业性金融等支持民营经济发展。

在这一阶段，安徽省政府响应国家政策，加快金融体制改革步伐。改善金融机构股权结构和治理模式，稳步推进金融机构的商业化、市场化经营，完成国有商业银行股份制改革，完成农村信用社股份制改造；丰富金融机构体系，建立和引进多种类型的金融机构，激活民间资本培植中小金融机构；推进利率市场化改革；推动金融服务和金融产品创新；完善金融监管模式等。

金融体制的改革创新促使安徽省金融市场金融机构大量出现，金融机构之间的竞争加剧，迫使各家金融机构不断更新经营理念和管理模式，强化对民营经济的金融服务。具体包括：

1. 竞相开展中小微企业信贷业务，有效缓解民营企业的融资难题

在民营经济快速发展的带动下，安徽省经济发展取得了巨大的成就，社会财富迅速增加。

在此基础上，大量金融机构进驻安徽省。商业银行股份制改造为金融机构的市场化、商业化运作奠定了基础。民间资本进入金融业，涌现民营银行、金融租赁公司、消费金融公司等金融机构；村镇银行、小额贷款公司、农村资金互助社等新型农村金融机构大量涌现。银行业、保险业、证券业、财务公司、投资公司等呈现一片繁荣景象。

金融机构数量的增加既丰富了金融机构类型，同时有利于开展多样化的金融业务，促进各类存贷款业务、理财业务、证券期货交易、保险业

务、融资担保业务、经纪业务的迅速发展。银行业市场竞争的加剧，使得中小金融机构向大中型企业开展业务的机会减少，加大对优质中小企业提供信贷服务的力度是必然选择。同时在政府发展普惠金融、引导金融支农支小等政策导向下，安徽省区域内各家国有大型商业银行和股份制商业银行也纷纷成立专门的小微企业业务部门，积极参与市场竞争发展小微企业和三农主体信贷业务，有效支持了中小民营企业的发展。同时也强化了金融市场竞争，有利于金融市场的健康发展。

2020年，安徽省创新建立宣贯直通基层、融资直击痛点、政策直达企业的"三直机制"，与省内6家银行签订贷款协议，为民营中小企业贷款1900亿元。累计发放"税融通"贷款352.5亿元，惠及3.35万户企业。强化担保支持，通过省股权托管交易中心、新三板等平台拓宽融资渠道，2020年，安徽省民营企业通过资本市场实现直接融资382亿元。

2020年，安徽省积极推动全省中小微企业和农村信用体系建设，取得明显成效，基本实现信息主体全覆盖。2020年，全省各类征信征信服务平台收集中小微企业信息249.6万户、农户信息1146.2万户。构建多层级中小微企业信用信息服务平台，加载融资对接功能，逐步形成"征信+融资"的服务平台，提升平台实效。全年中小微企业信用信息平台接入金融机构、类金融机构62家，线上金融产品140项，解决融资需求4.3万笔，为企业提供融资1412.8亿元。

2. 为民营企业的直接融资和资本运营提供强有力的支持

市场经济的一大特征是社会资源不断由低效益的企业、部门、行业向高效益的企业、部门、行业流动，最终实现资源的最优配置。民营企业发展到一定阶段，必然产生开展资本运营实现资本最大化增值的需求。

安徽省多年来的金融体制改革使得金融体系和金融市场日渐完善，各级产权交易市场完善了资本市场的多层次结构；专业的券商、银行等金融机构致力于服务民营企业资本市场融资；相关的会计事务所、律师事务所、资产评估机构、信用评级机构、投融资咨询机构等金融中介服务机构为民营企业提供了全面的顾问咨询服务。

3. 为民营企业提供了高效的支付结算和理财服务，拓宽了民营企业的经营范围和领域，推动其国际化经营

随着民营企业成长壮大，其经营范围逐步由本地向外地、外省乃至国外扩展，经营领域也不断向相关产品、技术、市场延伸。在跨区、跨省、跨国经营中，资金支付、结算的安全性、及时性对于企业的经营效益具有重大影响。

随着安徽省金融业的发展，银行间跨省、跨国支付结算网络逐步建立完善，支付结算效率不断提高，为企业的跨省、跨国拓展市场，发展业务提供了良好的安全和效率保证，促进了企业扩大规模，走出国门，在全国和全球范围内配置资源，组织生产经营活动，获取更高效益。同时金融机构理财服务的开展，也提高了企业资金的收益率，有利于企业财务管理水平的提升。

4. 保险业为民营企业发展护航

随着安徽省地方经济金融以及民营经济的迅速发展，保险业迎来了发展机遇。民营企业生产经营过程中，客观存在着财产损失风险、安全生产风险、自然灾害风险、订单违约风险等，威胁着企业的生存，束缚了企业的发展。安徽省倡导构建"政府—企业—保险"协调联动机制，引导保险业积极把握机遇，创新保险产品和服务，针对安徽省民营企业发展"痛点"和"难点"问题，为民营企业提供灵活多样的保险服务，有力推动了民营企业稳健发展。

针对民企信用度不高、保证金不足等问题，加强"银行+企业+保险公司"的合作力度，银保联动，为中小企业提供意外财产损失险、货物运输险、工程保险、订单险等风险保障和增信支持。持续健全首台（套）重大技术装备保险、新材料首批次应用、首版次软件保险补偿机制，助力民营高科技企业发展。

5. 消费信贷业务创新扩大了消费需求，促进民营企业发展

在过去很长一段时间，我国主要依靠投资和出口拉动经济增长。2008年，我国最终消费支出对GDP增长的贡献率仅为45.7%，远低于大多数发达

国家水平。

从国外经济发展规律来看，发展消费信贷能够直接促进消费需求扩大、带动经济增长。近年来，国家和地方政府陆续出台汽车、大家电、旅游、文化、养老等重点领域消费支持方案，致力于扩大新兴消费，促进消费结构升级，发挥消费对经济增长的拉动作用。住房、汽车等大综消费需求的大量释放为消费信贷发展提供了巨大的发展空间。

6. 以风险投资为主体的金融发展加速了企业创新步伐，促进安徽省战略新兴产业发展

安徽省风险投资机构起步较晚，2009年仅有12家创业风险投资机构。进入十二五时期，安徽省大力培育发展战略性新兴产业，倡导创新创业，促进中小企业转型进入战略性新兴产业。

创新是一项高收益与高风险同时存在的活动，民营企业开展技术创新活动面临着较大的资金缺口和较高的风险，而专业的风险投资机构能够有效支持民营企业的技术创新活动，为其提供资金以及技术、管理上的指导，同时民营科技企业的发展也促进了创业风投机构同样发展势头强劲。

第三章 安徽省金融业发展的现状及特点

第一节 安徽省金融业发展现状分析

改革开放以来，安徽省金融业发展迅速，主要指标保持全国领先、中部前列的良好态势。党的十八大以来，安徽省存款余额连上3万亿元、4万亿元、5万亿元、6万亿元台阶，贷款余额跨越2万亿元、3万亿元、4万亿元、5万亿元台阶，社会融资规模存量较2012年末接近翻了一番，金融对经济贡献度显著增强，地方金融体系日益健全完善，金融为经济社会发展提供了强有力的支撑。

一、金融业整体实力不断增强

表3-1　1978-2000年安徽省金融业增加值及占GDP比重

年份	金融业增加值（亿元）	安徽省GDP（亿元）	金融业增加值占比
1978年	1.94	113.96	1.70%
1979年	1.77	127.31	1.39%
1980年	1.68	140.88	1.19%
1981年	1.96	170.51	1.15%
1982年	3.46	187.02	1.85%
1983年	4.93	215.68	2.29%
1984年	8.94	265.74	3.36%
1985年	9.66	331.24	2.92%
1986年	12.19	382.76	3.18%
1987年	14.75	442.35	3.33%

续表

年份	金融业增加值（亿元）	安徽省GDP（亿元）	金融业增加值占比
1988年	18.43	546.94	3.37%
1989年	25.19	616.25	4.09%
1990年	23.66	658.02	3.60%
1991年	27.94	663.60	4.21%
1992年	36.37	801.16	4.54%
1993年	43.17	1037.14	4.16%
1994年	69.50	1320.43	5.26%
1995年	100.72	1810.66	5.56%
1996年	104.56	2093.30	4.99%
1997年	83.42	2347.32	3.55%
1998年	85.10	2542.96	3.35%
1999年	89.24	2712.34	3.29%
2000年	100.00	3125.33	3.20%
2001年	106.50	3502.78	3.04%
2002年	114.33	3827.66	2.99%
2003年	126.31	4307.77	2.93%
2004年	140.53	5129.12	2.74%
2005年	127.05	5675.85	2.24%
2006年	166.01	6500.31	2.55%
2007年	223.85	7941.61	2.82%
2008年	313.86	9517.68	3.30%
2009年	359.60	10864.68	3.31%
2010年	396.17	13249.78	2.99%
2011年	503.85	16284.92	3.09%
2012年	617.62	18341.67	3.37%
2013年	735.44	20584.04	3.57%
2014年	1046.67	22519.65	4.65%
2015年	1241.87	23831.18	5.21%
2016年	1447.02	26307.70	5.50%
2017年	1663.59	29676.22	5.61%

续表

年份	金融业增加值（亿元）	安徽省GDP（亿元）	金融业增加值占比
2018年	2064.55	34101.91	6.05%
2019年	2345.64	36845.90	6.37%
2000年	2553.94	38690.63	6.60%

数据来源：安徽省统计公报、安徽省统计年鉴（安徽省GDP以统计年鉴为准）

二、金融机构业务规模逐年增加

2000年以来，全省各银行、证券公司和保险公司的业务规模和经营效益均在各自系统中保持领先水平，上市公司的平均赢利水平连续多年居全国前列。

表3-2　1984-2020安徽省金融业业务规模

年份	金融机构存款总额（亿元）	金融机构贷款总额（亿元）	存贷款总额（亿元）	存贷款总额/GDP（%）	年份	金融机构存款总额（亿元）	金融机构贷款总额（亿元）	存贷款总额（亿元）	存贷款总额/GDP（%）
1984	101.78	143.99	245.77	0.92	2003	4190.20	3374.59	7564.79	1.76
1985	107.33	180.33	287.66	0.87	2004	5125.6	4006.2	8945.91	1.74
1986	141.17	236.85	378.02	0.99	2005	6068.8	4399.2	10307.37	1.82
1987	175.71	279.97	455.68	1.03	2006	7100.37	5132.02	12232.39	1.88
1988	202.35	322.12	524.47	0.96	2007	8406.57	6042.51	14449.08	1.82
1989	231.85	358.84	590.69	0.96	2008	10303.1	6948.1	17351.2	1.82
1990	293.40	446.03	739.43	1.12	2009	13306.5	9289.40	22595.93	2.08
1991	397.01	560.79	957.80	1.44	2010	16366.10	11452.29	27818.39	2.10
1992	482.53	681.33	1163.86	1.45	2011	19547.3	14146.4	33693.7	2.07
1993	612.96	828.03	1440.99	1.39	2012	23211.5	16795.2	40006.7	2.18
1994	832.62	1036.71	1869.33	1.42	2013	26948.6	19684.0	46632.6	2.27
1995	1111.72	1279.25	2390.97	1.32	2014	30088.8	22754.7	52843.5	2.35
1996	1422.61	1535.84	2958.45	1.41	2015	34826.2	26144.4	60970.6	2.56

续表

年份	金融机构存款总额（亿元）	金融机构贷款总额（亿元）	存贷款总额（亿元）	存贷款总额/GDP（%）	年份	金融机构存款总额（亿元）	金融机构贷款总额（亿元）	存贷款总额（亿元）	存贷款总额/GDP（%）
1997	1704.04	1906.17	3610.21	1.54	2016	41324.3	30774.5	72098.8	2.74
1998	2004.29	2152.53	4156.82	1.63	2017	46146.9	35162.0	81308.9	2.74
1999	2186.53	2180.85	4367.38	1.61	2018	51199.2	39452.7	90651.9	2.66
2000	2485.54	2384.95	4870.49	1.56	2019	54377.9	44289.3	98667.2	2.68
2001	2907.33	2605.39	5512.72	1.57	2020	60468.34	52124.97	112593.31	2.91
2002	3449.23	2941.9	6390.82	1.67					

数据来源：《安徽省金融运行报告》

注：金融机构存贷款总额均为本外币合计金额

2006年，国务院提出促进中部地区崛起，给安徽省国民经济发展带来了机遇。2007年，东部沿海产业转移的带动、安徽省"工业强省"战略的稳步推进以及淮河流域特大洪灾后的重建等积极因素，促进了信贷需求较快增长，同时促进了银行业股份制改造，以及政策性银行的业务调整和地方金融机构的改革重组。种种有利因素促进了安徽省金融业业务规模快速增长。

2016年，安徽省深入实施创新驱动发展战略，启动建设合芜蚌国家自主创新示范区，产业机构进一步优化。金融业运行良好，金融资源配置效率进一步提高。

截至2020年末，全省银行业资产总额7719亿元，同比增长10.4%。金融业实现增加值2553.94亿元，占GDP比重6.6%，占第三产业比重达到12.9%。

全省银行业机构不良贷款余额和比例低于全国平均水平，金融抗风险能力较强。2016年全国商业银行平均不良贷款率为1.74%，安徽省银行机构的不良贷款率为1.63%，低于全国商业银行平均水平。2017年末，全省不良贷款率为1.88%，较上年上升0.25%。为加强区域内金融风险防控，中国人民银行合肥支行不断创新金融风险监测预警手段，持续加强重点领域风险监测。2019年，金融监测预警、金融风险防控手段初见成效，全省银行业金融机构不良贷款率下降到1.77%，银行资产质量好转，风险防控更加扎实。2020年末，全省银行业金融机构不良贷款率较上年末进一步下降。安徽省金融监管部门扎实开展风险监测和协调处置，努力推动高风险机构加快落实风险化解措施，保障区域金融业平稳运行。

证券市场较为活跃。2020年末，全省投资者账户727.4万户，同比增长13.7%；证券市场交易额11.2万亿元，同比增长33.3%，证券市场活跃度较高。全省2家法人证券公司资产规模达1271.2亿元，营业收入65.7亿元，同比增长27.1%，利润总额28.6亿元，同比增长45.2%，经营持续向好。期货市场快速发展。2020年，全省共有3家期货公司和43家期货分支机构。保险保障能力持续增强。2020年，安徽省共有保险市场主体72家。其中保险总公司1家，保险公司分支机构71家。

三、多元化金融组织体系渐趋完善

近年来，安徽省逐步形成了功能互补、层次分明的金融业态网络，银行、证券、保险、信托、期货等传统业态和汽车金融、财务公司、金融租赁、小贷公司、融资担保公司等新兴业态蓬勃发展，金融组织体系完备程度位于全国前列。

据《安徽省金融运行报告（2021）》，截至2020年末，安徽省共有银行类法人金融机构166家，全部银行类金融机构网点8485个。包括：大型商业银行营业网点2374个，政策性银行网点91个，股份制商业银行网点356个，城市商业银行网点447个，小型农村金融机构（包括农村商业银行、农村合作银行和农村信用社）网点3067个，新型农村金融机构（包括村镇银行、贷款公司和农村资金互助社）网点346个，财务公司网点各6个、信托公司网点1个，邮政储蓄银行网点1793个，外资银行网点4个，其他金融机构（包括金融租赁公司、汽车租赁公司、货币金融公司、消费金融公司）网点10个。银行类金融机构从业人员12.36万人（参见表3–1）。

表3-3 安徽省2020年银行类金融机构情况

机构类别	营业网点 机构个数（个）	营业网点 从业人员（人）	营业网点 资产总额（亿元）	法人机构（个）
一、大型商业银行	2374	45955	25621	0
二、国家开发银行和政策性银行	91	2316	8089	0
三、股份制商业银行	356	8352	6878	0
四、城市商业银行	447	10015	11975	1
五、小型农村金融机构	3067	35279	15472	84
六、财务公司	6	197	545	6
七、信托公司	1	169	86	1
八、邮政储蓄银行	1793	15134	6018	0
九、外资银行	4	162	141	0
十、新型农村金融机构	346	4609	1006	68
十一、其他	10	1446	1307	6
合计	8495	123634	77139	166

资料来源：《安徽省金融运行报告（2021）》

2020年末，安徽省各类保险机构达到72家。其中，总公司1家，主营财产险。分公司71家，31家主营财产险，40家主营寿险。

2020年底，安徽省有证券公司总部2家，全省1家法人证券公司资产规模达1271.2亿元。安徽省股权托管交易中心于2013年8月1日正式成立，解决了部分非上市公司股权交易的需求。

2020年底，安徽省小额贷款公司354家，贷款余额422.23亿元，分列全国第6、第8；融资租赁企业64家，融资租赁资产101.9亿元；典当行业典当余额73亿元。财务公司、信托公司数量较少，2020年数量分别为6家、1家，资产规模分别为545亿元、86亿元。同期安徽省包含金融租赁公司、汽车金融公司、货币经纪公司、消费金融公司的"其他"类金融机构数量为10家，资产规模1307亿元。

四、区域性资本市场建设突破，多层次资本市场基础不断夯实筑牢

根据国家建设多层次资本市场的统一部署，安徽省一方面推动企业实现场内主板、创业板、科创板成功上市；另一方面不断促进场外新三板、区域性股权市场、证券公司柜台市场的健康发展，从而完善安徽省境内资本市场体系，改善民营企业融资结构。

（一）区域性资本市场建设取得突破

安徽省区域性资本市场建设的探索较早，2004年合肥股权交易托管所所成立，2009年改名为安徽省股权交易所。当时的安徽省股权交易所，其宗旨就在于帮助全省非上市公司规范股权的管理、交易、投融资等行为，探索中小企业融资新渠道，服务于以"合芜蚌自主创新试验区"为重心、覆盖全省的区域性股权交易市场。2014年1月更名为安徽省股权登记结算有限责任公司。

2013年7月，省政府出台了《安徽省人民政府办公厅关于推进区域性股权交易市场规范发展的意见》，明确了安徽省区域性股权交易市场的建设要求、功能定位、业务范围和运作机制等基本框架。2013年8月1日，安徽省股权托管交易中心正式注册成立，注册资本2亿元。旨在建设统一、规范的区域性股权交易市场，促进金融服务实体经济。

随后安徽省股权登记结算有限责任公司（以下简称"安登公司"）与安徽省股权托管交易中心互相配合，安登公司为安徽省股权托管交易中心提供配套的登记托管和交易结算服务，主要为企业股权、债权和其他可交易权益类产品提供整体托管、确权登记、质押融资、清算交收和转让见证等综合金融服务。此时安徽省基本形成了相对完善的区域性股权交易市场。

2017年安徽省出台《关于规范发展区域性股权市场的通知》，明确由省政府金融办承担区域性股权市场日常监管职责，明确省区域性股权市场由安徽省股权托管交易中心有限责任公司（下称"省股权托管交易中

心")负责运营。要求加强市场监督、培育合格投资者、规范信息技术管理、大力推进企业挂牌托管、建立股权登记工商对接机制、加强综合平台建设、全力支持挂牌企业融资、加大政策支持力度。对成功在省区域性股权市场挂牌融资的中小企业，省、市财政分别按首次股权融资额的1%给予奖励（单个企业省财政奖励金额不超过70万元）；对成功在省区域性股权市场"专精特新板"挂牌的企业，由省专项资金给予奖励。随后安徽省区域性股权市场进入了快速发展期。2019年11月底，省区域性股权市场挂牌企业4878家，其中科创板挂牌企业1637家。

2020年以来，安徽省区域性股权市场聚力打造集挂牌、融资、路演、培训、宣传、上市孵化等为一体的综合金融服务平台，助力安徽省多层次资本市场基础不断夯实筑牢，服务实体经济能力进一步增强。2020年9月安徽省区域性股权市场挂牌企业6823家，挂牌企业数量达到全国第1位，其中省股交中心设立科技创新板，挂牌企业2989家。同时，有效整合银行、证券、基金、担保、小贷、资产管理等各类金融资源，大力发展合格投资者，为挂牌企业提供股权融资、贷款、可转债、并购重组、金融咨询等综合性金融服务。此外，推动挂牌企业股份改制，遴选优秀挂牌企业实施资本市场攀登计划专属服务，壮大安徽省多层次资本市场企业后备资源。加强与沪深证券交易所深度对接，推动路演中心建设，扩大路演项目覆盖面。截至2020年已为超过1000家挂牌企业开展资本市场第一课培训，为500多家"专精特新"挂牌企业1300多位高管开展主题培训，服务近400家企业进行路演推荐活动，培育30余家企业进入中小板、新三板上市挂牌辅导或转板新三板挂牌。

2022年1月12日，安徽省区域性股权市场挂牌企业8325家，托管企业8264家，继续保持全国第1。累计股权质押131.96亿股，实现股权质押融资379亿元；累计实现债权融资487亿元。

（二）"新三板"市场帮助实现资本市场互联互通

新三板的前身为2001年代办股权转让系统成立，当时是为了解决从主板退市的垃圾股问题。2006年1月，为进行利用资本市场支持高新技术等创新型企业的试点，被称为"中关村股份代办转让系统"的新三板正式推出，但由于各方面限制因素使得新三板挂牌公司数量较少，新三板市场的融资能力尚未发挥。直到2013年1月"全国中小企业股份转让系统"正式揭牌运营，成为继上海证券交易所和深圳证券交易所后第三家全国性的证券交易市场，被誉为中国的"纳斯达克"，标志着全国场外市场建设从试点走向规范运作，"新三板"市场正式形成。2013年6月，国务院将新三板扩容至全国，进入了飞速发展的阶段。

表3-4 安徽省新三板企业股票发行情况

年份	挂牌企业数量 安徽省	挂牌企业数量 全国	发行次数 安徽省	发行次数 全国	发行股数（亿股）安徽省	发行股数（亿股）全国	募集金额（亿元）安徽省	募集金额（亿元）全国
2014年	45	1572	12	329	0.51	26.52	1.38	132.09
2015年	162	5129	87	2565	4.97	230.79	20.68	1216.17
2016年	317	10163	101	2940	23.27	294.61	53.92	1390.89
2017年	358	11630	72	2725	——	239.26	33.40	1336.25
2018年	340	10691	47	1402	——	123.83	26.52	604.43
2019年	308	8953	22	637	——	73.73	8.39	264.63
2020年	294	8187	41	716	——	74.54	23.27	338.50
2021年	247	6932	16	587	——	52.69	5.38	259.67

数据来源：全国中小企业股份转让系统

注："——"为无法找到相关数据，下同

从上表可以看出，2014—2017年新三板市场实现了量和质的飞跃。2013年，全国新三板挂牌公司仅356家。2017年，全国新三板挂牌企业达到了11630家。2016年新三板全国新三板企业定增达到历史高峰，定增次数2940次，募集金额1380.89亿元。安徽省表现同样亮眼，定增次数101次，募集金额53.92亿元亿元。2017年，安徽省新三板挂牌企业达到历史高峰，共计358家。

近几年来，新三板充分发挥了承上启下的作用，实现多层次资本市场的互联互通。2019年10月，中国证监会启动全面深化新三板改革，提出要完善市场分层，设立精选层，同时建立挂牌公司转板上市机制，在精选层挂牌一定期限,且符合交易所上市条件和相关规定的企业,可以直接转板上市。2020年总共有396家公司在内地交易所上市,其中新三板成功转板上市企业达105家,占全年A股IPO上市企业26.52%,截至2020年年底,共计383家新三板企业处于A股IPO排队中,占A股IPO排队总量的48.42%,可以说新三板仍是IPO的"储备池"。

表3-5　2017—2020新三板企业转A股上市情况

年份	A股上市公司新增数量	新三板企业转A股IPO数量	新三板企业转A股上市融资(亿元)
2017年	438	18	69.57
2018年	105	23	148.72
2019年	203	43	288.5
2020年	396	105	811.34

安徽省充分发挥新三板市场服务中小型创新、创业企业的作用,各地市首先积极培育符合条件的优质中小企业实现新三板挂牌,在新三板市场的监督管理下更加规范的经营和信息披露。经过新三板市场培育后,不少企业逐渐茁壮成长,经营业绩各项指标符合主板、创业板、科创板上市条件后积极准备转板。

(三)债券市场取得重大发展

安徽省明确企业债券服务实体经济的核心定位,积极组织符合条件的地方融资平台和企业发行企业债券。2016年共有32家企业获批发行企业债券456.5亿元,完成发行28支366亿元,发行规模是2013年的3.5倍,创历史新高,居全国第5位,并被国家发展改革委列为10个企业债券"直通车"激励省份之一。2017年10月,据统计自党的十八大以来安徽省累计发行企业债券99支,融资总额达到1133.5亿元,相比之前五年增长了75%。

2011—2015年,安徽省新增企业债券金额由156亿元增加到340亿元,年均增长率21.5%。2016—2020年,安徽省新增企业债券金额由353亿元增加到603.6亿元,年均增长率14.35%。非金融企业债券融资的规模不断增加,促进了直接融资规模的增长,为促投资、稳增长发挥了积极作用,有利于实体经济健康发展。

五、信用环境持续改善

安徽省2003年下发《关于加强全省信用建设的决定》，要求全力打造"信用安徽省"，进一步规范市场经济秩序，优化经济和社会发展环境。2014年完成安徽省公共信用信息共享服务平台的建设，并根据党的十八大精神出台《安徽省社会信用体系建设规划纲要（2014—2020年）》，旨在全面推进政务诚信、商务诚信、社会诚信和司法诚信建设。2015年，合肥、芜湖获批成为全国首批11个社会信用体系建设示范创建城市之一，依托合肥、芜湖两大城市积极探索创新，不断完善信用体系建设，并将经验在全省进行推广。

2015年10月，安徽省正式实施社会组织统一社会信用代码制度改革，全面推行商事登记"三证合一、一照一码"制度改革，改革后，企业注册登记时即获得核定统一社会信用代码。并要求将统一社会信用代码等基本登记信息传递至省公共信用信息共享平台，并在"信用安徽省"网站向社会公开。

2020年底，"信用安徽省"网站注册用户数达4931.73万，随时可根据各企业统一社会信用代码查询是否有过失信行为、是否受过行政处罚以及是否得到过行政激励。同时网站定期发布各地级市综合信用指数榜单，激励各地级市加强当地信用体系建设、加大对信用主体的监管力度。

近几年，在人民银行合肥支行的积极推动下，安徽省中小微企业和农村信用体系建设取得显著成效，建立了中小企业信用信息共享平台和农村信用信息平台。2020年，全省各类征信服务平台收集中小微企业信息249.6万户、农户信息1146.2万户。征信系统基本实现信息主体全覆盖。

第二节　安徽省金融发展历程与特点分析

在国家引导的金融体制改革框架下，安徽省一贯致力于推动金融业的改革发展，从而服务地方社会经济。

关于我国金融发展与改革的历程，吴晓求（2018）在《改革开放四十年：中国金融的变革与发展》中将其分为四个阶段：传统信贷为主的商业银行主导的高度单一的金融业态（1978—1990）、沪深两市设立初步推动金融结构改革（1990—2005）、股权分置改革推动金融结构市场化改革（2005—2015）、新技术与金融结合酝酿出金融新业态——互联网金融，中国金融业完成从单一到多元的转型，金融新业态多元的竞争时代到来（2015年以来）。李德（2018）在《中国共产党领导下的金融改革开放40年》中将其划分为三个阶段：金融体系恢复发展阶段与金融体制全面改革阶段（1978—2000）、金融业深化改革和扩大对外开放阶段（2000—2012）、金融业深度开放新时代（2012年以来）。

安徽省当前金融发展取得的成绩主要体现在：一是农业银行、中国银行、建设银行和工商银行相继建设形成四大国家专业银行；二是完成城市信用社和农村信用社改制；三是股份制商业银行和保险公司、信托投资公司、金融租赁公司等非银行金融机构的发展。

一、安徽省金融的初步发展阶段（1978—1993年）

这一阶段，国家层面主要是恢复和建立现代金融体系。

1978年，中国人民银行总行从财政部中独立划出，标志着金融体系开始恢复。1979年邓小平指出："银行要发挥银行的作用，要成为发展经济、革新技术的杠杆。"同年，中国农业银行恢复成立。中国银行从中国人民银行分设出来，负责集中管理和统一经营全国的外汇业务，成为中国人民银行监管下的国家外汇外贸专业银行。1983年中国建设银行重建。1984年工商银行从中国人民银行中分离出来，中国人民银行此后专门行使中央银行职能，从此我国具备了四大国家专业银行。

与此同时，股份制商业银行得到迅速发展。1986年国务院重新组建交通银行，1987年中信实业银行、深圳发展银行宣告成立。非银行金融机构也得到了发展,各地相继组建信托投资公司、金融租赁公司、财务公司等。此外,全国陆续成立了许多城市和农村信用合作社,重建中国人民保险公司。这一阶段城市和农村信用社数目增长迅速,城市信用社总数一度超过5万家,农村信用社总数曾高达5000余家。

1981年恢复发行国库券;1983年开始,一些国有银行发行金融债券,中国人民银行推行"三票一卡"正式票据市场;1988年财政部允许国库券上市流通交易,同年上海市开放国库券买卖。1990年设立上海证券交易所,1991年深圳证券交易所挂牌,全国证券交易自动报价系统(STAQ系统)以及跨地区的柜台证券交易启动;证券公司和证券投资基金相继设立。1992年国务院证券委和中国证监会成立,开始对证券业实行专业化监管。

在全国统一恢复和建设金融体系的进程中,安徽省先后组建了中国农业银行安徽省分行、中国银行安徽省分行、中国建设银行安徽省分行和中国工商银行安徽省分行。并设立了交通银行、城市信用社和农村信用社,信托投资公司、金融租赁公司等非金融机构业得到了发展。金融市场建设也有了实质性进展,先后建立了同业拆借、证券交易、外汇调剂市场。

二、安徽省金融的加速发展阶段(1993—2005年)

1993年12月,国务院作出《关于金融体制改革的决定》,提出要对金融体制进行全面改革,目标在于:建立在国务院领导下,独立执行货币政策的中央银行宏观调控体系;建立政策性金融与商业性金融分离,以国有商业银行为主体、多种金融机构并存的金融组织体系;建立统一开放、有序竞争、严格管理的金融市场体系。并且要做到把中国人民银行办成真正的中央银行,把专业银行办成真正的商业银行。

1994年起国务院推出一系列金融改革措施,推动中央银行宏观调控体系、金融组织体系、金融市场体系以及外汇管理体系全面改革。

第一,强化中国人民银行宏观调控职能,保障货币信贷的统一管理;

全面转换分支机构职能，1998年中国人民银行撤销了31家省级分行，重新成立9家跨行政区分行，调整并明确各分行和中心支行的职能分工。2003年针对加入WTO后金融业面临的日益复杂多变的国际、国内形势，国家修改了《中国人民银行法》，将中国人民银行的职责调整为制定和执行货币政策、维护金融稳定和提供金融服务三个方面。

第二，建立规范化金融监管组织体系，分别对银行、非银行金融机构、证券业、保险公司、城市信用社建立了相应的监管部门。1992年成立中国证监会，接管从中国人民银行分离出来的证券业监管业务；1998年11月成立中国保险业监督管理委员会，接管原由中国人民银行负责的保险监管业务。2000年8月，中国人民银行、中国证监会、中国保监会建立了金融监管联席会议制度。2003年，中国人民银行、中国银监会、中国证监会、中国保监会形成了"一行三会"的金融业分业监管的格局。2005年，"一行三会"的信息统计部门建立了统计信息交流与共享制度。

第三，将前期改革残留的一般工商信贷业务彻底从中国人民银行中分离出来；国有专业银行不再开展政策性贷款业务，转由国家开发银行、中国进出口银行、中国农业发展银行三大政策性银行负责；国有专业银行明确未来参照商业银行经营规范的改革方向；在治理整顿的基础上，将一些有条件的城市信用社改造为城市合作银行（后更名为城市商业银行）；农村信用社与农业银行脱钩，建立民主管理制度，调整发展方向。

第四，改革外汇管理体制。1994年初，人民币官方汇率和外汇调剂市场汇率并轨，中国正式实行有管理的浮动汇率制度。1996年1月，国务院发布《中华人民共和国外汇管理条例》。2005年7月我国开始实行以市场供求为基础、参考一篮子货币进行有调节、有管理的浮动汇率制度。

三、安徽省金融的快速发展阶段（2005—2015年）

2005年之后，全国金融体制改革进一步深化，金融业进入了"制度性对外开放"阶段。

第一，金融相关法律体系、金融监管体制、理念、制度进一步完善。

第二，金融机构改革迈出关键步伐，国有商业银行和政策性银行、保险、证券等若干金融机构获得政府注资，邮政储蓄银行于2007年成立，2009年中国农业银行改制为股份有限公司。城市信用社改革整顿之后向城市商业银行转变，农村信用社改革进一步深化，新型农村金融机构（村镇银行、贷款公司、农村基金互助社）不断涌现。非银行类金融机构进一步发展。

第三，资本市场有序发展。随着加入WTO以来国际金融一体化进程的加快，证券经营机构纷纷寻求注资、重组上市等。2009年10月，中国创业板正式上市，支持创业型中小企业、高科技企业上市融资。

第四，利率市场化稳步推进。加快推进利率市场化，人民币贷款利率基本实现上限放开，下限管理的市场化机制。2015年存款利率上限管制取消，利率市场化完成了最后一公里。

第五，金融业全面对外开放。外资银行经营性机构、合资基金管理公司国内设立分支机构，对境外合格投资者（Q1）开放中国证券市场，国内商银行在国外设立分支机构。

第六，人民币汇率制度进一步完善、加快人民币国际化进程。2008年12月，安徽省首家外资银行——东亚银行合肥分行落户合肥庐阳区。合肥庐阳区北一环被誉为"金融大街"，2010年前后，华夏银行等众多世界500强和区域性总部企业陆续汇聚财富广场，以财富广场为坐标原点，周围汇聚了银、保、证以及各类新型金融机构近100家，带动安徽省金融业迈上高质量发展的快车道。2010年汇丰银行合肥分行成立，2012年日资瑞穗银行合肥分行正式成立。2012年，合肥市首个民营金融控股公司——正奇金融成立，同年收购了三家合肥市属金融企业，力争打造全国领先的、面向中小企业多样化融资需求的综合类金融服务平台，推动合肥市、安徽省中小企业的发展。

2014年12月随着泗县农村商业银行批准筹建，安徽省83家农村信用合作社全部完成农商行改制工作，正式退出了安徽省历史的舞台。安徽省成为除四大直辖市外，首个完成农商行改制的省份。

安徽省金融在这一时期的特点表现在：

1. 金融规模进一步快速增加。
2. 银行市场格局进一步转变。
3. 资本市场体系日益完善。
4. 金融改革创新深入推进。
5. 民营中小企业金融服务不断加强。
6. 金融生态环境持续改善。

四、安徽省金融深化改革阶段（2015年至今）

2015年之后，全国进一步深化金融开放，发挥金融开放在全面开放新格局中的核心引领作用。

第一，平衡金融开放与金融监管之间的关系。完善金融风险防控体系，完善金融法律法规体系，加大金融犯罪打击力度，保障金融稳定运行。

第二，大刀阔斧进行资本市场改革。

第三，推动金融市场互联互通。

第四，实现人民币汇率机制市场化，推进人民币国际化进程。

第五，充分发挥自贸区在金融开放中的桥头堡作用。

2017年，安徽省首家民营银行——新安银行成立，坚持"AI智能、数字普惠"的差异化定位，以服务民营经济、中小微企业、三农为宗旨。

安徽省金融在这一时期的特点表现在：

1. 银行业服务实体经济能力明显提升。
2. 资本市场扩容提质增效。
3. 人民币跨境结算增长较快，在跨境收付中占一定比重。
4. 金融生态环境持续优化。
5. 安徽省自贸区深化金融领域开放创新。

第三节　安徽省金融发展的经验与关键要素

一、民营经济的强劲增长为安徽省金融发展奠定了坚实基础

伴随着改革开放的脚步，安徽省经济发展取得了巨大的成就，金融服务安徽省实体经济并在实体经济发展的带动下获得了更广阔的发展空间。

可以说，一个地区的金融业发展状况很大程度上与当地的经济发展状况是相匹配的。而民营经济发展四十年来，在安徽省国民经济中所占的比重日益增加，民营经济已经成为安徽省经济的主体，是安徽省经济增长的动力源泉，民营经济的强劲增长为安徽省金融业发展奠定了坚实的基础。

（一）民营经济发展增加了社会财富，为金融提供了充分的资金来源

安徽省民营经济的发展使得民间财富迅速增加，丰富的民间资金吸引了各类金融机构在本地区聚集。

优秀的民营企业如科大讯飞、联宝电子科技、全威铜业科技、六安钢铁、金鹏控股等。此外打造了新型显示、集成电路、新能源汽车和智能网联汽车、人工智能、智能家电5个世界级战略性新兴产业集群，每年向安徽省金融业注入大量的资金。

随着民营经济的发展，民营经济从业人员平均年收入有了大幅度的提升，据可查阅的资料显示，1990—2020年安徽省私营单位从业人员年均收入从1838元上涨到了52582元，

同时1990—2020年安徽省非私营单位从业人员年均收入从2601元上涨到了85854元。人均工资的大幅度增加带来了生活水平的提升，也为金融业提供了大量个人储蓄资金。

正是在民营经济快速发展的带动下，安徽省经济发展取得了巨大的成就，社会财富迅速增加。同时居民可支配收入的增加使得居民有更多的财

富可以进行储蓄和投资，在此基础上，大量金融机构进驻安徽省，金融机构数量大增，银行业、保险业、证券业、财务公司、投资公司等呈现一片繁荣景象。同时促进了各类存贷款业务、理财业务、证券期货交易、保险业务、融资担保业务、经纪业务的迅速发展。

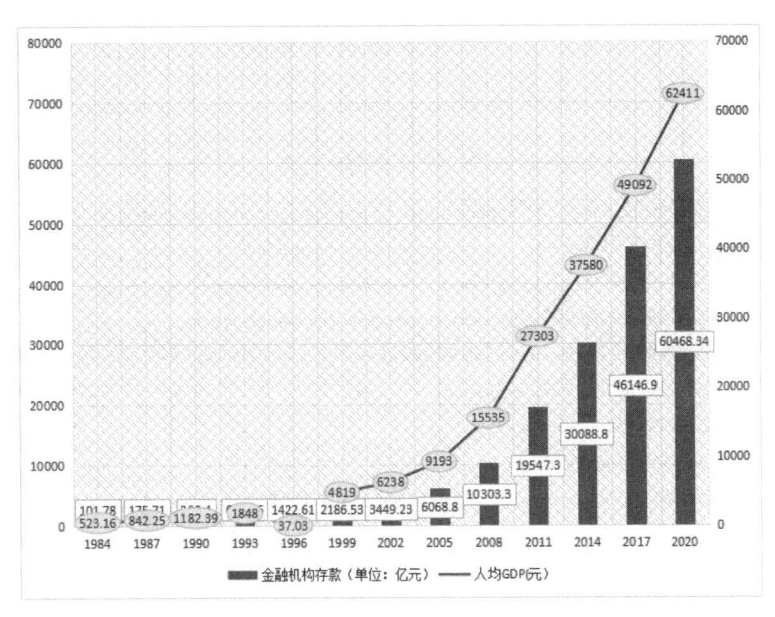

图3-1 安徽省历年金融机构存款余额（不变价）与人均GDP变化

数据来源：安徽省统计年鉴、中国统计年鉴

（二）为金融发展提出了有效市场需求，促进了金融服务的快速发展

金融在优化社会资源配置中起着核心作用，但这一核心作用的发挥有赖于市场对金融服务的需求。社会经济规模直接决定了金融需求总量，进而决定了金融业规模的大小。

1. 民营经济的发展为金融发展提出了有效市场需求

改革开放以来，民营经济的快速发展促进了大量个体户、私营企业等民营主体的增加，其在发展中，会产生大量融资需求。并且在民营经济发展到一定阶段，面临经济结构调整和转型升级等现实挑战的情况下，民营经济主体的金融需求方式多元化、金融需求方式更加灵活、金融需求额度增大、金融需求层次升级。从而为银行信贷业务、信托投资公司、融资担保机构、财务公司、金融租赁公司、证券市场、期货市场的发展提供了广阔的市场机会。

2. 民营经济发展中的风险管理等为保险业务发展提供了良好的基础

民营企业的发展带来了对自身财产投保的需求，同时保障民营企业的稳定健康发展有利于降低银行不良贷款率，保障银行金融机构信贷业务的正常开展。

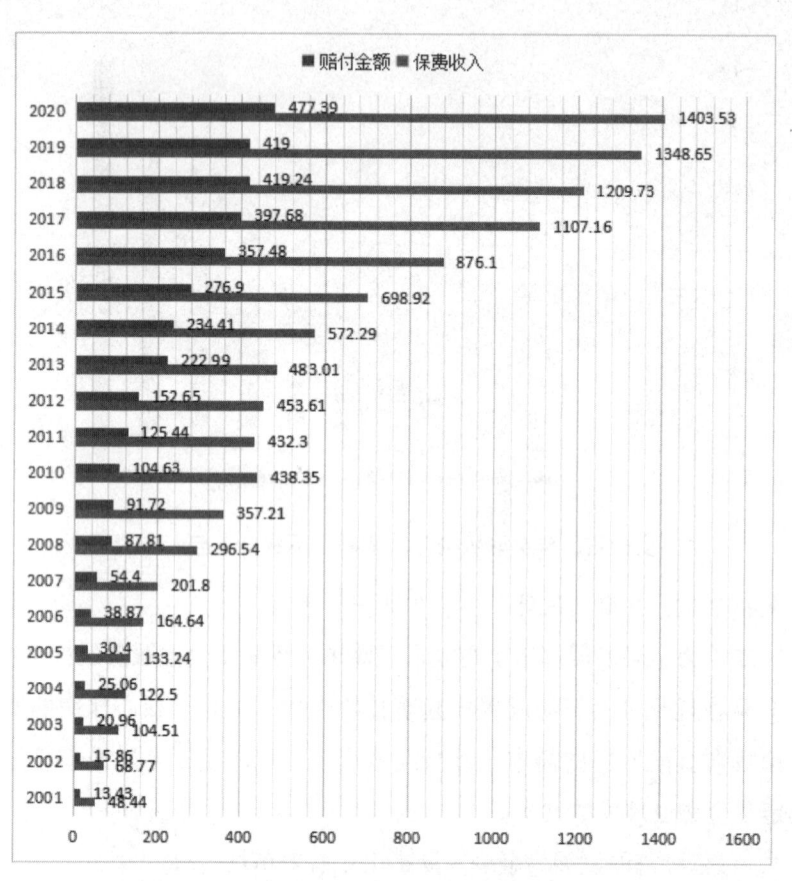

年份	赔付金额	保费收入
2020	477.39	1403.53
2019	419	1348.65
2018	419.24	1209.73
2017	397.68	1107.16
2016	357.48	876.1
2015	276.9	698.92
2014	234.41	572.29
2013	222.99	483.01
2012	152.65	453.61
2011	125.44	432.3
2010	104.63	438.35
2009	91.72	357.21
2008	87.81	296.54
2007	54.4	201.8
2006	38.87	164.64
2005	30.4	133.24
2004	25.06	122.5
2003	20.96	104.51
2002	15.86	68.77
2001	13.43	48.44

图3-2　安徽省2001-2020年保费收入及赔付金额

数据来源：安徽省统计年鉴

（三）为金融机构提供了高质量的投资企业、项目和大量中间业务客户

民营经济作为一种自发形成的市场化经济组织形式，高效率、高效益正是其生命力所在。自1999年安徽省本外币存款总额首次超过贷款总额以

来，存款规模与贷款规模之间的差距逐渐拉大，一方面存款规模的快速增加反映安徽省社会财富的高速增长，另一方面也反映安徽省存在信贷投放不足，国有企业信贷需求有限，银行业金融机构缺少好的投资项目，民营经济的快速增长则为金融机构提供了更多的优质潜在客户，有助于优化金融资源配置，促进经济结构转型升级。

1. 民营企业的所有制结构、产权结构特征决定了其经营目标高度注重经济效益。由此决定了民营企业在投融资决策、生产经营、企业管理、员工激励方面必须紧紧围绕创造利润这一根本目标，强大的驱动力为民营企业带来较高的投资回报，保障了金融机构的投资收益。

2. 改革开放早期，民营经济在体制夹缝中求得艰难发展，相较于国有企业，民营企业面临严峻的市场竞争环境和社会制度环境，效益差、缺乏竞争力的企业随时会被市场淘汰。只有兼具产权明晰、现代化的公司治理结构、完善的内部经营管理体系的企业才能实现资源最优配置，并逐步发展壮大。在市场洗礼下存活并壮大规模的民营企业将成为金融机构开展信贷业务的优质客户。金融机构的资产质量方能得到保障，信贷和投资风险才能得到有效控制。

（四）民营经济金融需求的升级促进了金融创新

随着经济的发展，市场经济主体增加，其整体经济实力也在增强。金融需求的数量和质量要求同时提升，促进了金融市场、金融机构的扩张，以及金融创新活动带来金融产品品种的不断增加。并且由于有效金融需求的增加，金融创新的单位交易成本随之下降，进一步提升了金融机构开展金融创新活动的积极性。

安徽省多年来民营经济快速增长，其金融需求呈现新特征，包括：金融需求用途多元化；金融需求方式更灵活；金融需求总量增大；金融需求层次升级。从而成为金融业发展和金融创新的主要动力源泉，表现为安徽省金融机构的大量聚集和金融业务量的迅速增加，更体现在金融制度、金融产品和金融服务的不断创新。

具体来说，首先，安徽省民营经济增长形成了强大的经济规模，降低了金融创新的单位制度交易成本，为金融创新提供了规模经济基础。

其次，民营经济的市场化经营机制对金融机构的经营理念、经营机制和体制创新提出了明确要求和经验借鉴。

最后，民营经济的发展壮大对金融机构的金融产品和业务创新提出了迫切要求。民营经济经营范围不断向省外、国外拓展，客观要求金融机构不断提高服务效率，扩展服务领域和地理范围。

二、金融创新是安徽省金融发展的不竭动力

国家宏观层面的金融体制改革和制度创新是安徽省金融发展的根本原因，在国家政策引导下，安徽省金融体制改革取得实质性成效，全省金融组织体系建立健全，总体形成种类齐全、覆盖城乡、服务有效的金融供给体系。

（一）推动金融机构的商业化、市场化改革

改革开放以来，国有四大银行纷纷在安徽省设立分支机构。1993年顺应国家金融体制改革的步伐，安徽省各大银行改革工作有序推进，优化股权结构、完善公司治理结构和管理模式，明确商业化、市场化的经营目标。完善以国有银行为主体、多种金融机构并存的金融组织体系。

安徽省城市信用社和农村信用社改革取得了显著成绩。2005年原合肥市商业银行联合全省十地市的原城市商业银行、城市信用社等成立了省域股份制商业银行——徽商银行。各家城市商业银行经过置换不良资产，并通过引进境外机构投资者，优化了资本结构，提高了资本充足率，法人治理结构基本形成。

股份制改造从根本上改善金融机构的股权结构、公司治理结构、管理模式和经营战略，现代化股份制结构强化了公司治理，保障了对经营者的激励和约束机制，从而为金融机构的市场化、商业化运作奠定了基础。

（二）激活民间资本，培植中小金融机构，强化对民营中小企业金融支持

21世纪初安徽省国民经济的发展使得民间资本得到了积累，如何有效

利用民间资本,解决民营中小企业资金缺口,逐渐得到了国家和地方政府的高度重视。2010年《国务院关于鼓励和引导民间投资健康发展的若干意见》从宏观经济决策提出促进民间资本健康发展,并明确了民间资本进入金融的准入准则。

安徽省大力推动民间资本进入金融业。鼓励民间资本参与金融机构重组改造,引导和规范符合条件的民间资本参与农村金融机构改革重组。民营银行、金融租赁公司、消费金融公司等民间资本发起设立的金融机构也先后涌现。

2005年芜湖中小企业担保公司获得5580万元民间资本注资。2011年安徽省当时最大的民营小贷公司——合肥市民兴小贷公司落户庐阳区。2011年7月安徽省新安金融集团在芜湖成立,注册资本30亿元,这是安徽省首次由民营企业主导,民间资本与国有资本联合投资设立金融机构的成功探索。2012年,合肥市首个民营金融控股公司——正奇金融成立,同年收购了三家合肥市属金融企业。力争打造全国领先的、面向中小企业多样化融资需求的综合类金融服务平台,2017年,安徽省首家民营银行——新安银行成立,其业务宗旨市利用AI技术以及数字技术实现普惠金融,服务民营经济、中小微企业、服务三农。安徽省最大的股份制银行徽商银行自2005年组建以来获得过万科等多家民营企业注资,并于2013年成功上市,有了民间资本的强力支持,徽商银行规模、质量、效益协调发展,切实服务地方经济、服务中小企业,目前位列中国商业银行第20名,城商行第6名。

与此同时,农村金融体制改革不断推进,村镇银行、小额贷款公司、农村资金互助社等新型农村金融机构大量涌现。2010年6月安徽省首家村镇银行——繁昌县建信村镇银行成立,目前村镇银行已实现县域全覆盖。2010年9月安徽省首家农村资金互助社——太湖县小池镇银燕农村资金互助社正式成立。金融机构网点迅速向县以下乡镇机构延伸,基础金融服务基本实现行政村全覆盖。2017年党的十九大报告提出乡村振兴战略,扎实推进农业现代化和新农村建设。安徽省仍将继续完善农村金融基础设施建设,改善农村金融服务。

民间资本进入金融业，从成立中小金融机构到成立一定规模的民营金融公司、民营银行，再到入股大型商业银行。既丰富了金融机构类型，开展了多样化的金融业务，有效支持了中小民营企业的发展，同时也强化了金融市场竞争，促进国有银行改革，有利于金融市场的健康发展。

（三）利率市场化改革，调动金融机构支持民营中小企业的积极性

银行业市场化中关键的一步即利率市场化。利率市场化背景下，信贷产品差异化定价有利于商业银行平衡风险与收益关系，激励商业银行积极开拓中小企业信贷市场，从而解决民营中小企业融资难题。

利率市场化之前，国家实施的是管制利率，银行等金融机构对所有客户提供信贷产品时必须一视同仁，这就使得银行倾向于向有着垄断背景的国有企业提供信贷服务，而经营相对不稳定、风险相对较大的民营中小企业极易被排斥在外。事实上不仅不利于民营中小企业发展，也使银行丧失了追求更高收益的动力，久而久之金融机构将丧失管理信贷风险的能力。

利率市场化之后，金融机构面临千差万别的客户群体和金融需求，势必要加强信用评估体系建设、加强风险管理，对信贷产品进行差别化定价。不同企业竞争金融机构的信贷资源时也应当承担与自身风险相匹配的成本。金融机构向中小企业提供贷款只要能得到与风险相匹配甚至更高的收益时，其服务创业型、科技型中小企业的热情会被激发，金融市场将达到充分竞争，从而有利于信贷资源的合理配置，并进一步促进市场资源配置。

安徽省一直紧跟国家政策，积极推动利率市场化改革。1996年6月1日开始，央行取消对同业拆借利率上限，标志着我国政府正式开始启动利率市场化改革。1999年10月，人民银行初步尝试放开存款利率上限。2004年，央行扩大贷款利率浮动区间且允许下不设底。2012年6月，中国人民银行将金融机构存款利率浮动区间的上限调整为基准利率的1.1倍，随后安徽省徽商银行在内的多家城商行及股份制银行都对存款利率进行了上浮调整，存款利率出现差异化趋势，利率市场化进程加快。2013年7月起推动全面放开金融机构贷款利率管制，而作为改革核心的存款利率市场化也开始

第三章　安徽省金融业发展的现状及特点

慢慢深入。

2020年3月1号，按照央行发布的（2019）第30号公告要求，安徽省正式启动存量浮动利率贷款定价基准转换工作，完成LPR或固定利率的转换。截至2020年8月末，安徽省法人金融机构转换进度已达99.2%，基本完成存量转换工作。

利率的市场化改革，增强了安徽省银行业金融机构支持民营中小企业的意愿，促进了金融与民营经济的良性互动。

（四）打破垄断，建立和引进多种类型的金融机构

1. 大量民营金融机构为安徽省民营经济提供有力资金支持，同时促进了市场竞争

安徽省金融业发展进程中涌现出来大量民营中小金融机构，包括民营银行、小额贷款公司、典当机构、民营担保公司、融资租赁公司、商业保理公司等，丰富和完善了现有金融机构体系，对缓解民营企业"融资难""融资慢"发挥了积极作用。

首先，民营中小金融机构填补了大型金融机构无法或无力顾及的市场，从而优化和完善金融机构体系，改善金融服务不充分、不均衡等状况。一方面民营金融机构来自于民间资本，与民营经济有着天然的联系。相比国有大型银行等金融机构，民营金融机构具备现代化的公司治理体系、代理成本较低，且能够充分践行市场化的经营理念，在高收益的回报下有动力向民营中小企业、民营科技型企业放贷，从而为民营经济增长提供有力的资金支持。另一方面，由于民营中小金融机构在资金规模、市场地位方面相比国有大型银行具有天然劣势，服务大型企业的业务开展相对困难，但在服务中小企业方面则具有软信息生产和成本优势，因此其经营者必然有拓展优质中小企业信贷客户的内在需求，并逐步专注于为中小企业提供信贷服务。

同时，民营金融机构的发展促进了信贷市场供应方之间的竞争，创造了大中小型金融机构公平竞争的市场环境，也给国有商业银行等传统大型金融机构带来了冲击。民营机构效益优先的经营理念和现代化的公司治理

对国有商业银行改革起到了良好的借鉴作用，促使其理顺产权关系、完善公司治理，改革其信贷管理机制和经营管理方式，建立起相应的激励约束机制，适应与外资银行竞争的需要。公平的市场竞争环境最终将促进各金融机构深化改革，提高客户服务意识和经营管理水平，创新服务手段和服务方式，创新信贷产品和金融产品。提高各金融机构的竞争力，并进一步发展出各自的优势业务领域，提供覆盖面更广的金融服务，更好地服务实体经济。竞争同时强化了市场约束，进一步规范金融机构的业务开展，提高金融机构防控风险的能力，确保金融安全稳定运行。

2. 金融市场竞争是促使各类金融机构支持民营中小企业的基本条件

市场经济体制下，市场机制是资源配置的决定性力量，公平的市场竞争环境是保证资源合理配置的基础。多年来，我国金融机制改革的重心就在于建立有序竞争、统一开放的金融市场，培育金融市场竞争主体是加强金融市场竞争力度的重要环节。

在金融市场不够发达、竞争并不充分的年代，大型商业银行贷款对中小企业是疏远的。

大型商业银行凭借对市场的高度控制获得高额利润。垄断地位使其缺乏了竞争意识和服务意识，风险相对较高、收益相对较低的民营中小企业的信贷业务对大型商业银行不具备吸引力，因而民营中小企业获得的信贷支持严重不足。

20世纪80年代末期以来，我国金融监管当局先后批准建立了12家股份制商业银行，形成了我国银行业的第二梯队。随后非银行金融机构也得到了发展。进入21世纪以来，国有银行商业化改革基本完成，民间借贷日趋活跃，大量金融机构尤其是民营金融机构的建立，促进了金融市场的良性竞争。

银行业市场竞争的加剧，使得中小金融机构向大中型企业开展业务的机会减少，在生存压力下必然要开拓新的业务渠道，加大对中小企业提供信贷服务的力度是必然选择。

与此同时，利率市场化改革的推进，逐步放开了金融服务价格管制，使得对中小企业提供贷款的高风险可以通过高收益得到补偿，从而提升其服务中小企业的积极性。

再加上中小金融机构资金规模、网点数量和市场地位虽不比大型银行，但在服务中小企业方面却具备天然优势，包括信息成本低、决策链条短、经营管理机制更灵活等。在大企业信贷竞争异常激烈的形势下，理性的中小金融机构经营者必然会专注于中小企业的信贷服务，通过为民营中小企业提供信贷服务形成自身的品牌并积累口碑，做好"中小企业金融服务商"。

安徽省金融机构经营效率的提高以及金融创新的不断涌现，与安徽省内众多金融机构的有效市场竞争密不可分。在积极的市场竞争环境下，各金融机构根据自身优劣势，找准自身定位，瞄准目标客户，积极创新金融产品、提升服务质量，为民营经济发展提供了较多的资金支持，同时促进了金融业的蓬勃发展。

（五）金融监管理念、方式的创新

随着2018年国家金融监管机构改革方案落定，"一委一行两会"的金融监管机制正式成型。安徽省多年来各相关部门不断更新监管理念，创新金融监管方式，保障了金融平稳运行。

自2018年12月安徽省银监会与保监会合并后，新的安徽省银保监局肩负银行业和保险业双重监管责任，将进一步加强银行业资本监管和风险管理，保障银行业资本充足率。建立各大银行不良贷款率的常态化监测机制，对不良贷款突出的机构重点监测。

证券业监管除中国证监会对安徽省上市公司的统一监督管理之外，安徽省同时致力于完善上市公司治理结构、加强内控建设和诚信建设，防范和化解上市公司风险，提升安徽省上市公司的整体市场形象。

安徽省金融监管改革过程中强调多部门沟通协调合作，在中央金融管理部门的领导下，加强对金融工作的协调服务。建立信息共享机制，衔接地方金融办信息平台，共享省内金融机构以及地方经济运行相关的信息，共商监管事宜。推进"信用安徽省"建设、完善信贷主体的全方位立体化信用评估体系。

目前，安徽省建立了省、市、县三级地方金融监管体系，推动落实属地责任和监管责任。

人民银行合肥支行多年来不断健全完善风险监测预警机制，扎实开展风险监测和协调处置，地方法人机构风险得到稳妥处置，并实现了重点领域风险的有效控制。严厉打击非法金融活动，加强金融违法犯罪的打击力度和执法力度。

（六）金融机构的经营理念、战略目标和市场定位的转变

安徽省各家商业银行在市场竞争中以及金融供给侧改革的要求下，逐步意识到民营企业信贷业务对与开拓业务渠道、促进利润增长的重要作用，拓展民营中小微企业、三农主体、个体户、个人客户业务成为新的利润增长点。同时鉴于以上客户的特征，商业银行将同时兼顾风险防范，平衡效益与风险的关系，合理控制成本并尽力保障利润的增加。

地方中小金融机构积极响应金融"脱虚向实"的监管要求，以服务地方经济，深耕本地中小企业为自身定位，坚持"控大支小"和"服务三农"，注重观察分析市场走向、客户需求变化等因素，积极推进资产和负债业务，提升服务质量，从而保持业务规模稳步增长。

农村金融机构现在主要是农商行、村镇银行，是商业银行位于农村的最主要力量，对于服务三农、乡村振兴和县域经济发展有着重要作用。农村金融机构要明确"支农支小"的自身定位，充分发挥贴近"三农"主体和多网点优势，满足小微企业和三农主体的资金需求。同时不断健全自身功能，深化体制改革，创新服务模式和组织形式，完善风险防范机制，保障储户资金安全，促进自身的长远发展。

（七）信贷管理机制及金融业务、产品、服务的创新

在明确服务民营经济主体、三农主体，促进民营经济增长和乡村振兴的市场定位、战略目标基础上。安徽省各金融机构对于信贷管理机制不断摸索，成果颇多。

（八）完善风险内控机制

金融机构稳步提升业务规模的同时，应不断完善风险内控机制。金融

机构，以银行为例，其分行、支行和营业网点等分支机构众多，各分支机构内又设相应部门。面临的内控问题一方面是各分支机构业务相对独立，职责和规章分散难以整合，快速发展的金融改革及创新难以做到全部门、全业务、全流程的嵌入式内控管理；另一方面是银行业务开展中，除个别重要客户和业务外，各分支机构负责人基本具备自行决策的权利，而银行内部上级部门和各分支机构的信息不对称客观存在，倘若内控手段力度不够，紧靠职业道德约束不足以保证各级管理层和员工的行为。一旦出现违法违规行为，将对银行和客户造成重大损失，严重损害银行声誉、扰乱市场经济秩序。

综上，银行等金融机构十分有必要设立专门的内部控制机构，制定内部控制配套制度流程，并与时俱进，不断创新内控手段。在现阶段可充分利用大数据、云计算、区块链等科技手段，完善风险内控机制，维护金融体系的稳定。

区块链技术的点对点、去中心化、智能合约等特点，为金融机构建立有效的风控机制带来新的方向。利用区块链技术的点对点传输使金融机构每个部门、每个节点的计算机实时共享整个网络其他节点计算机的相关信息资料，做到信息实时获取、信息及时识别。同时区块链技术下，数据存储后，其任何改动记录也会被存储，从而减少"人为因素"导致的风险，确保数据的真实性。为内控评估提供可靠的参考数据，便于优化内控流程，提升风险预防效果。同时可适当增提坏账准备，保障金融机构资产质量。

在完善风险内控机制的同时，提升金融从业人员专业素质、职业操守和社会责任感同样十分必要。地方金融机构应当建立员工常态化培训机制，强化道德品质、法律法规和专业技能培训，增强爱岗敬业和遵纪守法的意识。同时明确金融从业人员行为底线，约束"一把手"行为。加强党的建设，坚决惩治腐败，对违法违规行为"零容忍"。

三、信用环境改善是安徽省金融发展的基本前提

信用是法治社会的核心，也是现代经济生活的核心。金融信用是金融系统存在的立身之本，良好的信用环境是金融发展的基本前提。自2004年周小川正式提出"金融生态环境"以来，学界随后将信用环境列为金融生态环境的重要组成部分。

改革开放早期市场经济体制尚不完善，安徽省民营经济信用水平参差不齐，但随着政府加速信用体系建设以及市场经济的发展，安徽省信用环境不断好转，金融业快速发展具备了基础条件。

四、地方政府的转型、引导与支持是安徽省金融发展的重要保证

（一）地方政府职能的转变

1. 政府转型构建"亲清新型"服务型政府

随着安徽省民营经济的发展，2003年安徽省政府出台《关于加快民营经济发展的决定》，强调推进政府各部门转变职能，办好各级行政服务中心，简化办事程序，提高行政效率；每年组织民营企业对政府职能部门进行民主评议并向社会公布评议结果；建立公共经济信息发布制度；放手发展各类市场中介组织，为民营企业提供社会化、专业化和规范化的服务。由此可见安徽省各级政府积极推动建立市场化的执政理念和行为模式。

2016年3月4日，习近平总书记正式提出构建"亲清政商关系"。此后安徽省政府出台多项支持构建亲清新型政商关系的意见，要求优化政务服务，包括公平对待非公有制企业；深化行政审批制度改革、建立健全权责清单管理制度、深化商事制度改革，提高政府服务效率；加快公共服务体系建设、完善中小微企业公共服务体系、深化"互联网+政务服务"，改进服务方式；增强政务服务透明度；畅通非公有制企业诉求渠道等。

2020年11月6日，安徽省委、省政府出台了《关于营造更好发展环境支持民营企业改革发展的实施意见》，内容包括：优化公平竞争的市场环

境、完善精准有效的政策环境、健全平等保护的法治环境、鼓励引导民营企业改革创新、促进民营企业规范健康发展、构建亲清政商关系、加强对民营企业服务保障等。

2. 政府引导金融发展并服务实体经济

安徽省十三五金融业发展规划中要求：充分发挥省金融工作领导小组统一领导和统筹协调作用；建立健全地方金融监管体制；制定完善促进金融业发展的政策举措，加大对金融机构、金融基础设施等重点领域的扶持；制订实施金融人才专项工作计划，建立多层次、高素质的金融人才队伍。

政府职能的转变核心在于：一、正确定位政府职能和责任，构建服务型政府；二、不断加强政府自身改革，提升政府效能。不断规范地方政府的事权和财权，减少对金融业发展以及民营经济发展的行政干预，转为引导、扶持和提供要素保障，完善风险防控机制。政府职能的改变促进了安徽省民营经济和金融业的发展，并形成了两者的良性互动。

（二）加强对金融发展的规划、引导和支持

如果说资金是社会主义市场经济的血液，金融业就是为经济发展输送血液的血管。多年来，安徽省积极建设金融强省，为安徽省国民经济发展保驾护航。

1. 成立地方金融管理机构，有序引导金融业发展

安徽省多年来先后制定出台了"关于进一步加快全省金融业发展的意见""关于金融支持服务实体经济发展的意见"。同时陆续制定了十一五、十二五、十三五、十四五金融业发展规划，提出了每个阶段金融业的发展目标和重点任务，为科学有序引导安徽省金融业健康发展奠定了基础。

2. 推动银行业金融机构改革

一是完成国有银行的商业化改革。1993年国务院下发《关于金融体制改革的规定》，要求深化国家专业银行改革。四大国有银行安徽省支行均完成了商业化改革，转为国有独资银行。同时政策性金融与商业性金融实

现了分离，并按照分业经营原则，规范了国有商业银行的投资行为。

二是商业银行股份制改造。2005年原合肥市商业银行联合全省十地市的原城市商业银行、城市信用社等成立了省域股份制商业银行——徽商银行。

三是完成农村信用社股份制改造。2007年合肥科技农村商业银行成立，是经中国银监会批准成立的全国第一家由省会城市农村信用社重组而成的股份制商业银行。2014年12月随着泗县农村商业银行批准筹建，安徽省83家农村信用合作社全部完成农商行改制工作，安徽省成为除四大直辖市外，首个完成农信社全部改制为农商行的省份。

3. 规范民间金融发展

20世纪80年代，安徽省民间金融开始发展，包括民间资金拆借活动，农村和城市信用社存款金额和贷款业务逐渐增加，为个体经济和私营经济启动阶段提供了最宝贵的资金支持。

随后在安徽省金融业发展进程中涌现出来大量民营中小金融机构，包括民营银行、小额贷款公司、典当机构、民营担保公司、融资租赁公司、商业保理公司等，丰富和完善了现有金融机构体系，提高了金融服务可得性，对缓解民营企业"融资难""融资慢"发挥了积极作用。

4. 支持金融对外开放

2020年9月中国（安徽省）自由贸易实验区正式揭牌，自贸区建设主要任务之一即深化金融领域开放创新，扩大金融领域对外开放力度，放宽金融机构外资持股比例、拓宽外资金融机构业务经营范围，推动科技金融创新等。对外开放力度的加强将增加安徽省金融服务的供给主体、强化金融市场的竞争，推动安徽省金融机构锐意改革、加快转型，从而更好地服务实体经济，满足经济高质量发展的要求。

5. 优化金融产业布局

打造金融集聚区是推动安徽省金融业实现新一轮升级发展的重要战略布局，十二五初期，安徽省布局将合肥市打造成区域性金融中心，成为安徽省的金融改革先行区，引进国内外金融机构、促进金融资源集聚并致力于保障金融安全运行，从而以合肥金融业的先行发展带动安徽省全域金融业共同发展。

安徽省十三五金融业发展规划中将优化金融产业布局作为金融业发展重点工程之一。强调积极融入长三角金融合作，参与长三角区域金融市场联动和产业整合，加强沟通协作，促进金融创新；合理配置区域金融资源，着力建设金融集聚区。继续打造合肥区域性金融中心，推动合芜蚌国家自主创新示范区成为国家促进科技和金融结合的试点地区；推动城乡金融均衡化，大力发展县域和农村金融，推进基本金融服务均等化。鼓励金融机构在皖北、大别山区等金融薄弱地区增设分支机构，加强金融服务，实现城乡之间、区域之间金融协调发展。

（三）营造良好金融生态环境

随着金融安全区创建以及2003年安徽省正式开展"信用安徽省"建设，使安徽省成为全国五个信用建设试点（省、市、区）之一，全省金融生态环境明显改善。并制定了信用管理的相关法规，强化社会信用体系建设。

近年来，安徽省建立健全公共信息共享机制，修订公共信息信用标准。扩大征信系统覆盖面，除银行信贷信息外，还囊括类金融信息以及社保、公积金、纳税、环保、民事裁决与执行等公共事业信息，由征信系统全面综合分析做出信用等级评价。2020年全省中小微企业和农村信用体系基本实现信息主体全覆盖。同时构建了多层级中小微企业信用信息服务平台，对接融资功能，形成"征信+融资"的服务平台。金融消费权益保护水平持续加强，安徽省构建及内容知识宣传教育长效机制，多次开展线上及线下金融知识普及宣传活动，依法依规处理金融纠纷，确实保护金融消费者合法权益。支付系统稳定高效运行。

（四）建立健全地方金融监管体制，防范金融风险

安徽省2005年成立安徽省地方金融监管局（安徽省金融办），后续各地级市相继成立地方金融办。明确金融监管职责，与一行两局（原一行三局）形成错位监管和补充。

十九大报告中提出，要深化金融体制改革，增强金融服务实体经济能力，健全金融监管体系，守住不发生系统性金融风险的底线。对于地方监管而言，金融监管局成为加强金融安全的关键抓手，目前金融监管局职能分为服务、监管、执法三大块。

安徽省十三五金融业发展规划强调按照"属地管理、权责统一"的原则，加强地方政府金融监管能力建设，建立责任追究制度，推动地方金融工作职能由当前以服务协调为主，加快向服务和监管并重转变。探索建立地方金融机构定期审计制度，强化审计结果运用。明确属地金融监管职责，推进金融业务统一管理。理顺管理体制，健全机构设置，建立协调机制，形成条块结合、运转高效、无缝衔接、全面覆盖的区域性金融管理与风险防范机制。坚持依法监管，加快推进地方金融法规和规章制度建设。改进和完善地方金融监管方式，建立地方金融数据监测信息系统，加强相关监管信息数据交换与整合。

五、发达的信用担保等中介服务是金融发展的重要支撑

（一）区域信用担保体系不断改善

1993年我国第一家信用担保公司成立，进入21世纪我国加入WTO之后，担保行业迎来了高速发展的阶段。

经过多年发展，安徽省信用担保机构数量稳定增长，资本金实力、担保业务能力进一步提升。政策性、互助性、商业性担保机构互为补充，直保、再担保业务稳定增长。安徽省信用担保协会成立后，行业规章制度、管理体系进一步完善，协会积极寻求与金融机构合作，为中小企业搭建融资平台，推动担保业、金融机构和中小企业合作共赢。

（二）金融服务中介机构发达

随着安徽省民营经济的快速增长，民营企业、个体户等市场主体的数量不断发展壮大，同时近年来市场竞争加剧、民营经济转型升级压力增大，其金融服务需求呈现用途多样化、需求方式更灵活、需求额度增大、需求层次升级的特点。与此同时，金融中介机构规模也快速壮大。

第四章　金融创新与民营经济增长互动机制分析

金融发展与经济增长之间具备互相作用、互相促进的良性互动关系。习近平总书记指出"经济兴，金融兴；经济强，金融强"，经济是肌体，金融是血脉，两者共生共荣。

改革开放四十多年来，安徽省金融发展（金融创新）与民营经济增长之间亦形成了双向促进的良性机制。金融创新是金融发展的根本动力，金融创新与金融发展相互交融。因而金融发展与民营经济增长的良性互动机制亦代表着金融创新与民营经济增长的良性互动机制。

第一节　金融发展与民营经济增长相互促进的机理分析

一方面金融业的不断创新和发展提高了资金运作效率，多元化的金融组织体系、丰富的金融机构、金融工具、金融服务方式的创新为民营企业融资提供了更多的渠道，融资成本的降低减轻了民营企业的财务负担，提升了企业利润，有助于民营企业增强市场竞争力和抗风险能力，最终激发了市场经济主体的活力，促进社会经济高质量发展。另一方面，民营经济的发展壮大，会产生更多的资金需求，并使得金融需求更加多元化、需求方式更加灵活、需求层次升级。金融需求的变化会刺激金融市场的自我完善、改革创新来适应新的市场竞争环境，从而进一步推动金融市场的良性发展。总之，民营经济增长与金融发展（金融创新）的良性互动机制是一个逐步循环、不断积累和强化的过程。

一、安徽省金融发展对于民营经济增长的促进作用

改革开放初期，安徽省金融发展不足，金融服务实体经济的作用未能有效发挥，阻碍了民营经济的发展。进入20世纪90年代，国家大力推动金融体制全面改革，推进政策性金融与商业性金融分离，建立以国有商业银行为主体、多种金融机构并存的金融组织体系；建立统一开放、有序竞争、严格管理的金融市场体系。安徽省金融业在国家引导下获得了迅猛发展，并不断加大对民营经济的支持力度，金融规模快速增加，金融服务质量、效率不断提高，金融改革创新深入推进，金融生态环境持续改善，从而有力地支撑了民营经济的快速增长。

（一）金融发展促进民营经济增长

1. 金融服务体系的完善为民营经济的发展营造了一个良好的融资环境

金融的发展关键在于金融服务体系的完善。安徽省金融业历经多年发展，银行业从四大国有银行到商业银行、外资银行、民营银行纷纷成立；非银行金融机构也得到了发展，各地相继组建信托投资公司、金融租赁公司、财务公司等；资本市场从单一银行间资本市场到发展证券票据直接融资市场；担保市场从政策性担保机构到各类商业性担保机构先后成立；金融中介机构如贷款担保公司、资产评估公司、信用评估公司、财务会计公司纷纷成立；金融服务机构数量不断增加，种类日趋丰富，业态日益多元化。

金融服务体系的完善，可以有效增加金融供给，缓解中小企业融资难题。通过金融服务平台以及会计事务所、信用评级机构、资产评估机构、融资担保机构等金融中介服务机构为金融供需双方搭建桥梁、提供增信支持，有利于减少信息不对称问题、降低金融机构信息获取成本、增加金融机构服务民营企业的积极性。

目前，安徽省仍将不遗余力完善多层次金融服务体系。建立多层次、广覆盖、差异化的银行体系，助力普惠金融发展；促进民间金融机构规范化发展，形成对正规金融的有效补充；健全融资担保体系，拓展民间融资

信用担保服务；完善多层次资本市场，为民企针对性提供上市培育，拓宽民企直接融资渠道；政府投资基金、省级产业基金引导并撬动民间投资机构共同投资优质民营中小企业、科技型企业；保险创新为民企技术创新、转型升级等保驾护航，从而为民营经济发展提供良好的外部融资环境。

2. 金融市场的发展为民营经济提供更多的融资渠道

改革开放四十多年来，经济的快速发展带动了现代中国金融市场体系的建设与完善。多年来，金融市场从单一走向多元化，从低层次向高层次迈进。以银行机构为主导的金融体系日趋完善，资本市场的发展拓宽了民营企业直接融资渠道，各种中小型金融机构的成立为金融市场补充了新血液，外资的引入促进了金融市场的公平竞争。金融市场的不断发展，为中小企业提供了多元化的融资渠道，极大地促进了民营经济的发展。

（二）金融机构的咨询和顾问等服务有助于提高企业管理水平，增强其发展能力

金融机构在为客户提供相关的信贷、理财、支付结算、保险与风险管理、上市融资等服务过程中，必然要首先对企业的现状进行调查，分析企业及投资项目的优势劣势和前景，其中风险是金融机构分析的重点内容。这一过程实际就是对企业进行的一种管理诊断和咨询，企业可以直接从这一过程中主动认识到存在的问题和不足，并自觉进行改进。更重要的是，这一诊断结果直接影响着企业能否获得相关的金融服务（特别是贷款、上市、引入股权投资者等），因而金融机构的反馈意见和建议必然受到企业的高度重视。这就迫使一些股权结构不明晰、治理结构不完善、管理混乱、相关制度不健全，或在市场定位、技术创新、财务管理方面存在问题的企业进行改进。

此外，出于竞争需要，各家金融机构及相关的金融服务中介机构越来越重视对潜在目标客户的培育。为此，金融机构会加强与这些企业的联系和沟通，及时向企业提供相关金融、产业政策、市场竞争等最新信息，帮助企业分析其在战略目标、市场定位、目标客户选择、新技术产品研发、管理制度以及企业治理结构方面存在的不足和缺陷，向企业提供改进意见和建议，并利用金融机构的社会网络资源为相关企业提供信息、技术和人才方面的帮助。

（三）金融机构的信用评级和风控制度，有助于企业强化信用意识和社会责任意识

随着安徽省金融改革的深化，一是金融生态环境不断改善，信用意识深入人心，专业的社会机构逐渐参与并促进安徽省中小企业信用评估体系的完善，企业或个人的信用行为被全面记录，信用评估体系不断完善，失信行为将无所遁形。于是绝大多数企业能够注重自身品牌形象的维护，能够以较高的要求约束自身行为。制假售假、偷税漏税、拖欠供应商货款和员工工资、逃废银行债务的企业将成为个例，一旦失信行为发生，将极大地影响企业口碑，失去消费者信任，其后期生存发展必将受到极大影响。二是金融机构不断加强风控管理，注重信贷决策的科学性。金融机构借助金融科技手段以及社会中介机构的辅助，不断强化信用评级的精准性，根据信用评级的结果进行信贷决策，提高决策的科学性，降低了自身的风险。随之信用水平不佳的企业将难以获得信贷支持，处处碰壁。

综上，社会对于企业信用水平的重视，将促使广大民营企业强化自身信用意识和社会责任意识。促使民营企业注重合法经营和公平竞争，从而形成良好的社会氛围，带动民营经济良性发展。

（四）金融发展促进了安徽省块状经济与新兴产业发展

1. 金融发展促进了安徽省块状经济发展

专业化市场和专业化产业基地是安徽省民营经济增长的主要载体。在政府的大力引导下，金融资源进一步向特色产业倾斜，才有了安徽省块状经济的不断成长和壮大，从专业化产业基地的征地、拆迁、水、电、路、气等工程基础设施建设到区内的公共设施建设，直至企业的经营资金，处处都离不开安徽省金融系统的高效资金融通服务。形成了当前以汽车、装备制造、家用电器等先进制造业为支撑，以新材料、新能源、节能环保、通信等新兴产业为先导的产业集群。同时涵盖以金融、文化、物流、会展等现代服务业为特色的产业集群；以出口加工、汽车制造、动漫创意为特色的产业集群；以铜产业为主的产业集群；以马钢为主体的产业集群；以石化产业为主的产业集群；以现代农业、生态林业、绿色旅游为特色的产业集群。

同时，安徽省金融支持民营工业发展，促进了区域工业化。通过服务"三农"，促进农村地区脱贫攻坚以及现阶段的乡村振兴，并促进了安徽省城市化进程。

金融发展还通过国际支付结算、国际汇兑、国际贸易融资、国际资本运营等业务支持了民营企业的国际贸易和国际投资等活动，支持民营企业在更大范围内配置资源并参与国际化经营，促进了安徽省地区国际贸易的发展壮大。

此外，金融发展有利于民营企业通过正规金融途径融资，降低了企业融资成本和融资风险，从而压缩了地下金融的活动空间，减少了非法集资等金融违规行为。

2. 金融发展促进了安徽省新兴产业发展

近年来安徽省正大力布局发展新能源汽车、新型显示、集成电路、人工智能、新材料、生物医药等战略新兴产业，形成多个区域特色产业集群。新兴产业行业门槛较高，初始及后期投资金额巨大。同时新兴产业开展科技研发周期较长，前期多为不断投资，缺少资金流入，未来收益也具有不确定性。种种因素决定了新兴产业投资的高风险特征。

在此背景下，安徽省大力发挥政府政策性引导作用。一是强化产融合作，引导产业与金融良性互动。健全产融合作服务平台，对接产业金融需求与金融业服务供给，发挥金融促进安徽省战略新兴产业发展作用。二是发挥资本市场作用，组织相关部门开展资本市场业务专项培训活动，培育新兴产业企业成功上市，补充新兴产业上市核心企业后备资源库，不断完善新兴产业投融资生态。三是加快建立科技金融专业机构，包括科技银行、科技保险机构、科技融资担保机构，优先在自贸区设立专业科技金融服务机构并向全省推广。四是建设科技金融特色业务体系，支持有条件的银行机构积极开展外部投贷联动，并主动与省、市产业、股权投资基金合作，通过先投后贷、选择权、优先级等业务创新加大对科技创新、新兴产业的融资支持。积极发展知识产权、专利权质押融资，大力推动供应链金融、推动保险产品创新应用。五是适度放宽科技金融监管容忍度。科技型企业投资金额大、研发周期长且成功率不高，而一旦研发成功其收益远超传统行业，因而存在高风险与高收益并存的特征，难免不符合金融机构信贷条件。因此有必要适度放宽金融监管、调整信贷政策，例如，依据风险程度适当提高科技型企业贷款利率，同时适度提高科技型企业不良贷款率等。六是加大CVC、IVC等风险投资的引导力度，加强专项金融债券发行力度，提高政策性银行专项贷款比重，扩大科技型企业及新兴产业资金来源。

正是安徽省近年来采取了争取科技金融专营、优化科技金融资源配置、创新科技金融服务机制、完善科技金融配套政策、防控科技金融风险等措施，从而大大促进了安徽省科技创新与新兴产业的发展。

二、安徽省民营经济增长对于金融发展的促进作用

本书第三章已经介绍了民营经济的增长为安徽省金融发展奠定了基础，包括：民营经济增长增加了社会财富，促进银行业飞速发展，为中小金融机构纷纷成立创造了条件；优质民企的金融需求使得金融机构具备了更多优质客户；促使金融机构不断在金融服务的机制、业务、产品、服务领域和范围方面创新和拓展；民营经济发展过程中安徽省各地产业集群的形成降低了金融机构的交易成本和风险，提高了其经营效益。

（一）民营经济催生了民间金融，推动了金融改革和金融企业家的培养

在徽商盛行时期，徽州就出现了"钱会"这一民间金融组织，通过制度上的设计和灵活的运作，发挥融资与互助功能，满足民间社会资金需求。改革开放后，得益于安徽省传统的徽商文化和民间借贷习俗，以及民营经济增长带来的社会财富增加，民间借贷日趋活跃，民间金融再次得到了发展。民间金融通过民间借贷、民间投资等途径为民营经济提供直接资

金支持的同时，亦推动了金融体制的改革进程。

民间金融是相对于正式金融而言的，有别于国家依法批准设立的金融机构，泛指非金融机构的自然人、企业以及其他经济主体（财政除外）之间以货币资金为标的价值转移及本息支付。改革开放后，有限的正规金融无法满足快速增长的民营经济和农村区域金融需求量，供求严重失衡，同时民营经济的增长集聚了一定体量的民间资本，在社会大环境的促使下，民间金融逐渐活跃起来。

表5-1 民间金融与正规金融的对比

项目	正规金融	民间金融
组织机构	国家依法批准设立的金融机构	未经人民银行批准并核发金融营业许可证的非正规金融机构组织，也泛指除国家批准的金融机构以外的民间货币信用组织
业务性质	信贷业务、理财、信托、证券、保险等金融服务	传统信贷为主
客户群体	大中型国有企业、上市公司、集体组织为主	民营中小微企业、个体户，客户群体不受限制
资金来源情况	广泛的居民储蓄，资金来源稳定	吸收自由的民间资本为主，资金来源较广，但也不够稳定
存款准备金	必须缴纳存款准备金，央行是其最后贷款人	不缴纳存款准备金
贷款特征	大额、中长期贷款为主，需要较高的信用保证，不利于民营小微企业、个体户融资	小额、短期贷款为主，流程简单，放贷效率高，同时利率较高
监管现状	具有完善的法律法规体系，金融监管较为完善	由于其游离于正规金融体系之外，监管难度大

民间金融成长于民间，目前包括民间借贷、互助会、钱庄等多种形式。民间金融游离于正规金融体系之外，不受国家信用控制和中央银行管制，具有内生性、非正式性和不合法性等特质。民间金融资金的所有权、资金的流向多为非公有制经济，融资活动有民间性、地方性、自发性和隐蔽性等特质。由于民间融资活动中利率没有规范体系，部分民间融资利率过高，对融资方来说形成了沉重的财务负担。

民间金融虽然游离于正规金融监管范围之外，存在制度不健全、风险防范程度不高、组织形式不规范、缺乏专业化信贷审查管理机构和流程、缺乏外部审计监督和外部风险分担机制等问题。但在长期的经营实践中，形成了独特的解决信息不对称、风险控制和收益问题的机制。

首先，民间金融的信贷双方有独特的解决信息不对称问题的机制。民间个人与个人，个人与企业、企业与企业之间的借贷，多是在同一社会关系网中的亲戚、朋友、合作伙伴之间进行，资金出借方能够通过相同的社会关系网深入了解借款人（企业）的社会信誉、财务状况、经营状况以及还款能力。这种信息的获取十分便捷，促进资金融通的高效运转，便于借款人进行金融理财、投资，也有利于借款人（企业）抓住商机，不会由于资金短缺丧失投资机会。民间金融的这种信息搜集和信用评价机制，使得借款人更为注重日常行为中的诚实守信、合法经营，否则日后将难以通过民间融资渠道获得资金。

其次，民间借贷形成后，资金出借人可随时观察监督借款人的行为、关注其财务状况，一旦出现风险，可及时反应并采取相关风险控制手段。并且民间借贷通常发生同一社会关系网的人群中，借款人一旦产生债务违约，一方面放贷人会采用法律手段追索；另一方面，这种失信行为会在所处社会圈层广泛传播，失信者丧失了自身的社会信誉，将来的融资将困难重重，并将承受社会舆论的指责。借款人但凡认真考虑失信行为的后果，大都将严格约束自己，自发还款。

最后，民间借贷的利率定价采取风险加成机制。借款人一般是无法从正规金融机构获得借款的情况下转而寻求民间借贷资金，因此民间金融利率在官方利率基准上，实行风险和交易费用加成定价法，也符合风险与报酬相关的投资规律。民间金融实际借款利率根据借款主体信用水平、借款的用途、借款期限、借款缓急程度而定，目前国家规定民间借贷利率上限为一年期贷款市场报价利率（LPR）的4倍，以2022年2月2日最新发布的一年期LPR为3.7%的4倍计算，民间借贷利率受司法保护的上限为14.8%。

民间金融在经营中的信息机制、定价机制和风险管理机制不仅赋予了自身强大的活力，同时也启发了正规金融机构的信贷体制机制改革。在民间金融的竞争压力下，正规金融机构不断创新信贷产品、提高金融服务水平，积极加入服务民营经济的队伍中。从而使民营经济获得了更多的资金支持，民营经济也意识到加强信用管理才能获得长期稳定的信贷资金支持。此外，民营经济的市场理念、竞争机制及民间融资的信用评价机制、定价机制、效益机制也培养了一批从事金融业的实用人才，经过理论学习和提高后，成为具有现代金融经营理念和管理技能的金融企业家，进一步加快了金融业的改革和创新。

（二）民营经济的增长促进了民营企业信用意识的提高

我国市场经济多年来在不断摸索中逐步发展，目前基本形成了较为完善的中国特色社会主义市场经济体系。民营企业的合法地位得到认可、产权制度日益完善，良好的政策环境、市场环境、法制环境等有利于民营企业长期可持续发展。民营企业要想一步步发展壮大、做大做强，其经营决策必将更加科学、理性，而良好的信誉是民营企业参与市场竞争乃至走向国际市场的通行证，是民营企业最为珍贵的竞争优势之一。

市场经济发展初期，部分民营企业失信行为极大影响了银行向民营企业提供信贷服务的积极性。长期的银企博弈使越来越多的企业认识到，失信行为必将使企业被债权人、投资者放弃，并受到法律的严厉惩罚，直至被市场淘汰。只有建立良好的信用文化，民营企业才能与债权人、投资者建立良好的合作关系，才能赢得客户与市场。良好的信用文化是企业健康发展的基础；是企业与供应商、客户、合作科研机构以及行业协会、工商、税务等部门实现良好交往合作的基础；是激发企业员工对集体的荣誉感与归属感的重要保证；也是能否吸引有优秀人才开展技术创新、管理创新的关键。因而民营企业越来越意识到信用建设在企业经营中的重要性。

同时，在安徽省民营经济发展过程中，大量同行业民营企业或者联系紧密的上下游民营企业，在政府打造专业化市场和专业化产业基地的政策引导下，逐渐形成集聚效应，这也促进了安徽省块状经济的不断成长和壮大，产业集群为区域内企业提供了完善的基础设施、系统的金融支持，方便企业紧密联系上下游供应商和客户。同时，企业间的紧密联系同样形成了企业间的"熟人社会"，单个企业的经营行为会快速在集群内传播，诚实守信的正面企业形象有利于获得供应商、客户的信赖和支持，建立更紧密的合作关系。包括与供应商合作可以获得更有利的信用政策，产品质量更能得到客户的认可从而增加市场占有率。企业的生产经营一旦形成良性循环将更容易获得金融机构的青睐，融资渠道更广、融资成本更低、融资效率更高。而企业的失信行为将迅速在集群内扩散，不仅会受到政策、法律制裁，最终面临被合作方放弃、被市场淘汰的结局。

（三）民营经济对政府管理体制和模式乃至市场运行等制度改革提出了更高的要求

改革开放以来，以民营经济为代表的中小企业成为推动我国社会主义市场经济建设不可或缺的力量，他们支撑了中国经济的半壁江山，是创业就业的主要领域、国家税收的重要来源。民营企业极大地丰富了市场经济主体，促进了社会竞争，从而推动国有、集体企业改革深化，民营企业不仅是技术创新、标准创新的重要主体，而且是国际贸易的生力军。党的十一届三中全会大力破除所有制问题上的传统观念束缚，重视非公有制经济发展成为党和国家的重要方针政策。

因此，民营经济是市场经济的必然产物，同时民营经济的发展对政府管理体制和模式、经济体制和市场运行规则、制度的改革提出了更高的要求。包括：政府管理经济的方式、公共服务意识、市场运行规则、公平公开公正理念、自由竞争与公平交易理念、法律法规体系和市场监管等。为此，我国各级政府相继开展行政体制改革，不断探索和实践政府在市场经济中的定位、职能和作用，逐步形成了市场化的执政理念和行为模式。强调建设职责明确、依法行政的政府治理体系，建设服务型政府；深化放管结合，持续优化营商环境；深化政务公开，推进政府服务标准化、规范化、便利化。政府职能的转变为民营经济与金融发展创造了良好的行政制度环境。

（四）民营经济的增长推动了金融体制的改革创新

民营经济的快速增长使得其在经济社会中的重要地位不断为各级政府和

社会公众所认识，尊重民营经济的市场主体地位，全力推动民营经济高质量发展逐步成为社会各界的共识，金融供给侧改革提升金融服务实体经济质效是其中关键之一。然而民营经济主体中众多的中小微企业在寻求金融服务时仍处于弱势地位，难以获得银行等金融机构充分有效的金融支持。

民营中小企业融资问题必然要依靠金融业来解决，民营中小企业融资难固然有外部原因和自身原因。但根源仍然是外部金融支持力度不足。在金融体系方面，金融抑制的客观存在使得银行等金融机构存在对民营经济的所有制和规模歧视，民营企业信贷需求得不到充分重视。同时，民营经济直接融资支持制度有待加强，资本市场门槛仍然较高，社会尚未形成良好的资本市场投资氛围。再加上银行专业化分工不足、信用制度不完善、利率和收费管制、知识产权抵押担保制度落实存在困难等，从而要求对金融体系和管理机制进行改革创新。在此背景下，近年来安徽省积极推动金融体系创新并取得了一定进展。

在间接融资方面，放低金融行业准入门槛，打破国有商业银行绝对垄断的地位，目前已建立政策性银行、商业性银行（国有银行、股份制银行、外资银行）、民营金融机构在内的分层次、广覆盖、差异化的金融机构体系。全面完成国有商业银行股份制改革，改造城市信用社并组建"徽商银行"，全面改制农村信用社为农村商业银行，村镇银行纷纷成立均衡了城乡金融发展。放松金融市场价格管制，利率市场化进程加速，商业银行自主定价权得到保障，激发了其服务民营经济的积极性。鼓励商业银行创新金融产品和金融服务，提升服务质量和服务效率。"信用安徽省"建设成效显著，安徽省企业信用查询公共服务平台成功上线，各类征信平台基本实现征信主体全覆盖。加强金融监管，创新监管手段，加强金融失信及违法行为的打击力度，确保金融生态环境不断完善。

直接融资方面，完善场内包括主板、创业板、科创板以及场外包括区域性股权市场、新三板市场、证券公司柜台市场等在内的资本市场体系。发展门槛较低的资本市场板块为民营中小企业尝试登陆资本市场提供可能；大力推动民营中小企业做大做强之后实现升板（IPO上市）；为民营企业提供上市培育和上市奖励等多项政策支持。另一方面，强化引导社会资金进入资本市场有序投资。培育资本市场社会投资群体，加强场外市场资金流动性；建立包括风险投资、产业投资和其他投资机构在内的投资主体；引导商业机构和民间资本组建投资基金管理公司等形式对中小企业进行直接投资。

金融体制的诸多改革为了解决民营经济发展中出现的融资难问题而开始的，并在改革中不断深化，从而带动了我国金融行业的整体发展。

（五）民营经济增长推动了金融服务等中介行业的发展

改革开放后，安徽省民营经济迅速发展壮大，民营企业数量超百万户，遍布国民经济各个行业领域。民营经济的繁荣背后，广大中小微企业、科创型企业融资难的问题也凸显出来。为了解决金融机构服务小企业融资过程中的信息搜集、甄别、分析处理，以及对中小企业的信用评价、资产评估等问题；另一方面帮助中小企业规范和完善财务会计信息、提供标准的财务报表，同时做好融资渠道和融资方式选择。各类金融服务中介机构蓬勃发展，如征信公司、信用评估、资产评估、不动产评估、信用担保等机构，以及会计师事务所、律师事务所、融资顾问、产权交易等机构，这些机构为金融机构的信贷、投资或中小企业的融资提供双向服务，有效解决了信息不对称问题，降低了投融资风险，提高民营企业融资成功率，降低了交易成本。

此外，广大的民营企业在激烈的市场竞争中，为了克服竞争的盲目性和避免恶性竞争，有必要建立能够实现信息交流、资源共享、行业自律，从而带动行业良性发展的行业协会，因此行业协会是市场经济发展到一定阶段的必然产物，也是维护正当市场竞争和有序市场秩序的社会组织形式。行业协会在实现企业与企业之间交流的同时，亦能作为民营企业与政府之间的交流平台，在政府与企业之间发挥着无可替代的中介作用。

第二节　金融创新与金融发展相互交融

一、金融创新是金融业健康发展的动力源泉

（一）金融创新对金融机构的意义

一是金融创新能够有效促进金融业发展。金融创新使金融业竞争更激烈，金融机构要从数量和质量两方面同时提高金融需求者的满意度，就必须创新金融工具、金融服务等。

在此过程中金融业务数量将大幅增长，更多新的组织成员进入到金融机构中，形成多种金融机构共同生存的形态，金融机构数量得到增加、种类更丰富。实现金融创新后的金融机构竞争力更强，金融机构资本可以实现有效扩张，从而带动金融业就业增长、进一步提升金融业增加值占国民经济的比重。

二是金融创新带来激烈的市场竞争，促使金融机构不断运用现代信息技术和现代化设备，改善经营管理，建立高效的运行机制，从而完善服务功能。例如金融机构将信息技术引入支付清算系统后，大大提升了支付清算能力和效率，提高了资金周转速度和使用效率，节省了资金流通费用。

三是金融创新大幅度增加了金融机构的资产规模和盈利水平。现代金融创新带来金融工具创新、金融技术创新、交易方式创新、金融服务创新等，金融机构信用创造的功能得到发挥，大大增强了金融机构集聚资金的能力，使得金融机构资产存量大幅增长，提高了金融机构经营活动的规模报酬。加上经营管理上的创新，不断降低交易成本、提升经营效率，从而使得金融机构盈利能力增加。

四是金融创新提升了金融机构抵御经营风险的能力。金融创新过程中涌现了具有风险转移功能的新型金融工具，比如浮动利率的债券、票据，以及浮动利率的金融理财产品等创新型金融工具，既保留了传统金融工具

的特点，也可以有效帮助金融机构降低筹资利率，从而抵御经营风险。

（二）金融创新对金融市场的意义

一是金融创新使金融市场的深度和广度得到提升。资本市场、信贷市场、保险市场纷纷取得了较多创新成果，大量新型金融工具涌现。资本市场中金融工具创新有可转换债券、超短期融资券、浮动利率债券、可交换公司债券、境外美元债、绿色债券、乡村振兴债券等。信贷市场中普惠小微贷款得到了发展，应收账款质押融资、知识产权质押贷款等新型信贷产品应运而生；利率市场化改革催生浮动利率贷款、可调整利率的抵押贷款、背靠背贷款、可转让贷款合同等。资产管理类创新金融工具有：资产证券化、股权化资产、债务-股权互换、无追索权之股权销售等。衍生金融工具有：期货合同、认股权证、远期合同、互换合同等。丰富的金融工具创新使得金融市场能提供更丰富的金融产品，满足民营企业多元化需求。

二是金融创新提高了金融市场的运行效率。首先，金融创新提高了金融市场价格对信息反应的灵敏度。金融创新进程中逐步提高了现代信息技术与现代设备的应用程度，国际金融市场的价格能够对市场信息做出迅速反应，金融市场价格变动更灵敏，从而提高价格的合理性和价格机制的作用力。其次，金融创新增加了金融市场可提供的金融商品种类，并且交易成本和投资风险随着金融创新而降低，投资者进行金融投资的选择性增大，收益相对上升，风险更加可控。有利于金融市场吸引更多的投资者和筹资者，提升金融市场活跃程度，带动金融业良性发展。

三是金融创新会推进国际金融市场融资证券化、推进金融市场的一体化进程。首先，金融创新推动信贷资产证券化的发展，使大量期限长、流动性差的信贷资产转化为有盈利和可流通的债券。与此同时，国际资本市场由传统的信贷市场为主转向国际融资证券化，国际证券融资成为主流。其次，金融创新推动国内外金融市场之间联系日益紧密，提升国际资本的流动速度，促进一体化进程。在国内外金融市场上出现的创新金融工具，会扩大其交易规模并进入国际市场，因此国际金融领域的各种壁垒及障碍要尽可能消除。且金融工具在不同市场的价格、交易管理要相对保持一致，即金融活动一体化。同时，在紧密联系的国际金融市场，金融一体化更有利于跨市场的金融及其衍生工具创新。

（三）金融创新对金融制度的影响

金融创新使得资本市场自由化进程逐步加快，资本市场的开放、国外投资者的进入等促进了我国资本市场的改革与发展。过去几十年，我国金融市场自由化取得显著的成效，证券市场通过QFII（合格的境外机构投资者）、QDII（合格的境内机构投资者）、沪港通、深港通等方式打通资本双向流通的渠道，逐步提升金融金融市场开放程度。人民币国际化进程加快，人民币汇率形成机制不断完善。

技术创新将进一步带动金融创新。政府加强引导维护稳定的政策环境，引导创新人才聚集、激励创新密集型行业及科技行业开展创新活动，释放企业长期创新潜力和投资热情。引导国有企业与民营企业的合作交流，促进金融市场良性发展。通过产业链布局和跨区域合作，打造创新共同体，并加强优质创新成果的转化，实现技术创新对实体经济的带动作用，带动金融市场的发展与改革。

（四）金融作用力大为加强

金融创新使得金融作用力即金融对于整体经济运作及经济发展的作用能力大大加强。第一，提高了金融资源的开发利用和再配置效率。现代金融创新使发达国家从经济货币化进阶到金融化的高级阶段，发展中国家则加快了经济货币化程度。同时，金融总量快速增长，金融资源更为丰富并得到有效利用。第二，金融总量的增加使得社会资金更为充足，社会融资和投资需求的满足度及便利度上升。一是储蓄向投资的转化降低了融资成本；二是金融机构和金融市场有更充足的资金满足社会融资需求，能够提供更多更灵活的金融产品和金融服务，满足不同筹资者的需求，使社会资金融通更为便利；三是各种投资与融资的限制逐渐被消除，资本市场自由化等放宽了对外资的限制，也放宽了对民间资本进入金融业的限制，金融业吸引了更多的市场主体，金融机构数量和服务能力大幅提升，金融业对社会投资和融资需求的满足力大为增强。

二、良好的金融创新体系是金融支持民营经济增长的重要保证

（一）金融制度创新

金融制度创新过程中金融法律法规得到完善，金融经营环境与经营内容不断创新，金融组织制度与金融监管制度不断创新。与此同时，中央行政干预减少，金融市场自主运行探索有序推进。1994年银行体制改革推动政策性业务从商业银行分离，并组建三家政策性银行。金融分业经营、分业监管体制逐步完善，"一元多头"的分业监管体制步入正轨，有利于加快金融体制改革、"一行两会"保证了对银行业、证券业、保险业的统一监督管理，维护金融市场合法、稳健运行，防范和化解金融风险。此外，金融准入制度放宽，引入外资金融机构进入中国市场、培育中小金融机构，促进了国内金融市场竞争。在此基础上，民营经济的金融需求才会得到金融机构的主动响应，在市场竞争压力和商业性目标激励下，金融机构必须不断转变经营理念和经营模式、创新信贷产品、创新"投贷联动"等，并全面提升金融服务质量、效率，从而为广大客户，尤其是民营经济主体提供优质、高效、全面的金融服务。

（二）金融市场创新

金融市场创新过程中，资本市场、信贷市场、保险市场取得了较多的创新成果，民营高科技企业可以致力于创业板、科创板、新三板、区域股权交易中心、证券公司柜台市场等渠道进行直接融资，信贷市场的创新也促进了民营经济的间接融资，保险市场创新有利于民营企业和金融机构双方的风险防控。在此过程中，配套的中介服务体系、资本投资机制逐步发展并完善，有利于加速民营企业技术创新，并加速创新成果向现实生产力的转化，推动民营科技企业做大做强，以创新带动国民经济增长。

（三）金融机构创新

金融机构创新过程中势必要创新金融工具、金融服务，金融业务数量将大幅增长，金融机构数量得到增加、种类更丰富，金融机构运行机制更为高效。金融机构的商业化、股份制改造则全面改进了金融企业的股权结

构、治理机制，其管理模式更为先进，将更注重树立商业化经营目标，在竞争压力下更加注重强化服务意识和可持续发展意识、完善市场化经营理念、改革信贷管理流程。从而变被动为主动，主动服务信贷客户，建立适合民营中小企业的信用评价体系，创新信贷产品和金融服务模式，主动帮助民营经济解决资金缺口。

（四）金融产品创新

金融产品创新过程中，无抵押贷款、应收账款贷款、知识产权质押贷款等能够帮助解决民营中小企业缺乏抵押物的贷款难题。基于利率市场化改革基础的金融产品和金融服务创新之后拥有更多自主定价权，保障金融机构服务民营中小企业过程中能将收益与风险相挂钩，增加了其对民营经济的信贷和投资支持意愿。CVC、IVC投资等投资基金促进了创业企业发展，CVC对投资失败容忍度更高，从而拥有更广的投资面、有更大可能性抓住创新的风口，对企业创新研发、社会技术进步有更大的促进作用。

（五）金融科技创新

金融科技创新推动了金融产品和模式的变革，有效降低金融服务门槛。大数据、移动互联网等技术将有利于消费金融、普惠金融覆盖众多消费生活场景，服务广大消费者，助力中小微企业发展。金融科技创新促进了金融服务方式的优化和改进，促进金融服务向数字化、轻型化、平台化转型，为客户提供便捷高效的线上金融服务。金融科技创新对金融监管提出了更高要求，监管部门需要适应形势，积极运用新技术保障数据安全、信息安全，保护投资者，维护市场秩序，促进公平竞争。

（六）金融生态环境

良好的金融生态环境是金融创新的基础，没有金融生态环境的改善，金融业既难以获得健康持续发展，也无法或不愿为民营经济增长提供金融服务支持。

金融创新促进了金融生态环境的改善。一是政府职能转换中注重营造依法行政的制度环境、打造政府信用制度体系、引导金融机构健康运行、引导和规范金融中介机构的发展。二是完善的信用体系是金融业正常进行的前提，良好的信用环境是解决民营中小企业融资难、金融机构信贷资金投放积极性不高的重要措施。三是金融中介服务业的发展中，专业融资中介机构可以通过专业化的信息搜集、处理和发布等，降低金融市场的信息不对称情况，降低金融风险和成本。同时，信用担保机构的信用筛选、风险分担等降低了银企之间的信息不对称，降低银行信息搜集处理的成本，也分散了银行信贷风险，促进银行向民企放贷。专业的融资中介服务机构为民营企业提供金融相关咨询业务和融资经验，帮助进行筹资规划。这些中介机构的存在大大提高民营企业融资的成功率和效率。某些专业的中介机构也为民营企业提供了咨询业务，提高民营企业的管理水平和市场竞争力。

第三节　安徽省金融创新的成效与关键因素

一、安徽省金融创新成效

改革开放以来，安徽省金融业发展迅速，主要指标保持全国领先、中部前列的良好态势。2018年安徽省金融业增加值首次超过2000亿元，目前，安徽省已跻身中国金融业十大强省。

（一）金融制度的改革创新

近年来，安徽省不断完善金融法律法规体系，完善金融监管机制，促进金融科技在金融服务和地方金融监管中的应用。科技金融制度创新方面，合芜蚌国家自主创新示范区被确定为首批促进科技和金融结合试点地区，将提升科技创新能力与完善金融政策环境相结合，并通过完善科技金融政策体系带动科技金融制度进一步创新。

制定金融业"双招双引"政策，具体包括55条金融资本支持政策，大力吸引金融资本、金融人才落户安徽省，推动省内资本市场、信贷市场、保险市场创新，培育产业链、供应链、创新链、资本链、人才链、政策链

"多链协同"+优质高效政务服务生态支持体系，保障安徽省地方经济高质量发展。持续强化金融支持产业聚集区建设，加快合肥滨湖特色金融科技产业集聚区建设，加大皖北承接产业转移聚集区建设，加强江北、江南新兴产业集中区金融服务。

2021年安徽省出台的《安徽省地方金融条例》指出，安徽省地方金融监督管理部门应当在风险可控的基础上，创新与地方金融组织发展相适应的监管措施。推进长三角区域金融合作机制建设，促进金融服务安徽省深度融入长三角一体化、长江经济带建设、中部崛起等战略目标的实现。

（二）金融机构的改革创新

推动商业银行股份制改造。2005年原合肥市商业银行联合全省十地市的原城市商业银行、城市信用社等成立了省域股份制商业银行——徽商银行。

完成农村信用社股份制改造。2007年2月14日合肥科技农村商业银行成立，是经中国银监会批准成立的全国第一家由省会城市农村信用社重组而成的股份制商业银行。2014年12月随着泗县农村商业银行批准筹建，安徽省83家农村信用合作社全部完成农商行改制工作，正式推出了安徽省历史的舞台。安徽省成为除四大直辖市外，首个完成农信社全部改制为农商行的省份，安徽省被列为全国省级联社改革试点。

促进民营金融发展。2012年，合肥市首个民营金融控股公司——正奇金融成立，同年收购了三家合肥市属金融企业，力争打造全国领先的、面向中小企业多样化融资需求的综合类金融服务平台。2017年，安徽省首家民营银行——新安银行成立，坚持"AI智能、数字普惠"的差异化定位，以服务民营经济、中小微企业、三农为宗旨。

深化金融业对外开放。2008年12月安徽省首家外资银行——东亚银行合肥分行落户合肥庐阳区，2010年汇丰银行合肥分行成立，2012年日资瑞穗银行合肥分行正式成立。

（三）金融工具的创新

2021年10月，安徽省自贸区开发了"科创企业贷投批量联动金融产品"，聚焦早期科创企业，涵盖高新技术和战略新兴产业领域，通过"贷款+股权（期权）"业务联动模式，重点支持政府基金以市场化方式入股愿意出让期权或签订有限认购权协议的科创企业，或者政府引导基金已投资企业或拟投资的科创企业，解决初创期、成长期科创企业"融资难、融资贵，贷不到、贷不足"的问题。"科创企业贷投批量联动金融产品"额度高、期限长、成本低、审批快、增信多，产品以信用贷为主，支持科创企业以股权、知识产权等方式增信，提高企业贷款额度。

二、安徽省金融良好发展并不断创新的关键因素

安徽省金融业近年来取得良好发展并不断创新，主要的影响因素有：

1. 地方政府的引导与支持。安徽省政府高度重视金融服务实体经济的重要作用，深化金融供给侧改革，贯彻落实新发展理念，完善并优化金融体系。同时积极制定金融支持实体经济发展的政策，引导安徽省内金融市场、信贷市场、保险市场健康发展，认真落实普惠金融，扶持科创型企业、小微企业、"专精特新"和高新技术企业。不断完善金融法律法规体系，完善金融监管机制，防范化解金融风险。

2. 金融生态环境不断改善。随着金融安全区创建以及2003年安徽省正式开展"信用安徽省"建设，使安徽省成为全国五个信用建设试点（省、市、区）之一。企业信用意识提高、信用状况明显好转，全省金融生态环境明显改善。近年来，安徽省不断建立健全公共信息共享机制，修订公共信息信用标准，扩大征信系统覆盖面。

3. 民营经济发展迅猛。安徽省政府全力打造便利、公开、透明的市场化、法治化、国际化的一流营商环境。深入推进"放管服"改革，加大为企服务力度，激发市场主体活力。民营经济在良好的营商环境下迅速发展壮大，为金融业发展创造了雄厚的经济基础。

4. 金融中介机构的发展为金融市场提供良好的中介服务。金融中介机构的产生与发展，解决了银企信息不对称，降低银行信息处理成本和信贷

风险，从而降低交易成本，促进金融生态系统的良性循环。

5．金融业寻求改革与发展的内生力量。经济的发展带来了社会的变革，金融业同样要顺应时代发展，积极改革创新经营理念、经营机制。面对市场不同融资主体的多样化融资需求，安徽省金融机构数量迅速增加，国有银行实现商业化改革，非银行金融机构纷纷涌现，民间金融逐渐发挥其对传统金融的补充作用。在激烈的市场竞争环境下，金融机构创新意识日益浓厚，开始主动拓展客户群，并不断改革信贷管理机制、创新金融产品、提升服务质量，从而打造富有生机活力的金融市场。

第五章 安徽省金融创新与民营经济增长的实证分析

第一节 分析的目的与方法

一、分析目的

当前就金融发展与经济增长之间关系的研究已形成许多共识。如：经济作为金融的基础，在很大程度上决定了金融的发展；金融发展可以推动经济增长，而金融创新是金融发展的内在推动力，是经济增长的重要影响因素。

民营经济的健康发展是国家稳经济的重要基础、稳就业的主力支撑，是提升产业链供应链稳定性和竞争力的关键环节。目前，安徽省民营企业经营状况总体良好，但是在经济下行压力加大、国内外形势复杂多变的背景下，部分民营企业出现了经营不善、融资困难。尤其是小微企业融资在贷款规模、审批效率、抵押担保要求等方面存在问题。因此，政府及社会各界力量当共同促进金融创新。提高金融服务民营企业效率、破除民营经济健康发展的资金瓶颈，为民营企业发展破解体制性障碍，从而促进安徽省民营经济健康发展。

现有关于民营经济发展、金融创新的研究众多，但是就如何通过金融创新推动民营经济发展这一点，现有研究成果并不多，大部分研究停留在金融支持民营经济的发展上。且对于安徽省来说，研究金融支持安徽省民营经济发展的文献都非常少，研究金融创新推动安徽省民营经济增长的尚且没有。

目前民营经济为安徽省税收、就业、技术创新以及经济增长做出了重大贡献。然而安徽省民营经济发展整体仍处于低水平阶段，资本实力弱，"融资难"问题一直成为阻碍安徽省民营经济发展的"瓶颈"，这说明安徽省的传统金融服务体系必然有其不足之处。

因此，课题组研究金融创新与民营经济增长的互动机制，具有重要的理论价值，且对加强安徽省金融服务体系创新从而全面支持民营经济发展有重要的现实意义。

二、分析思路和方法

本章分析采用SPSSAU软件，运用了熵值法、耦合度模型以及耦合协调度模型。以2006—2020年的相关数据，实证分析安徽省金融创新与民营经济增长之间互相作用的关系，即金融创新与民营经济增长的耦合协调关系。

本章分析的基本思路是：

首先，科学选取金融创新与民营经济增长两系统的具体指标。

其次，为了排除主观因素的影响，客观地确定各个指标的权重，采用熵值法对金融创新与民营经济两系统的各个指标进行赋权。

再次，计算金融创新与民营经济增长两系统的综合指数。

最后，根据系统耦合的基本原理，构建金融创新与民营经济增长两系统的耦合度模型以及耦合协调度模型，分析安徽省金融创新与民营经济增长相互影响和相互作用的程度，以及两系统直接的协调发展程度，并作出总结与评价。

第二节　金融创新与民营经济增长耦合协调度模型构建

一、指标体系的建立

（一）指标体系构建原则

在研究过程中，指标体系的选择将直接影响研究成果的合理性和科学性。在构建指标体系时，要更好地分析金融创新与民营经济增长两个子系统之间的关系，充分考虑指数体系内的相关性和多样性，应注意以下原则：

第一，科学性原则。各指标体系的设计及评价指标的选择必须以科学性为原则，能客观真实地反映安徽省金融创新与民营经济发展的特点和状况，能客观全面反映出各指标之间的真实关系。

第二，系统性原则。各指标之间要有一定的逻辑关系，它们不但要从不同的侧面反映出金融创新、民营经济增长两个子系统的主要信息和特征，而且还要反映两者之间的内在联系。

第三，代表性原则。与金融创新和民营经济增长相关的指标较多，要依据安徽省金融与民营经济的实际运行情况，选择具有代表性和概括性的指标。并且需要根据研究对象的特点，选择能充分反应两者的指标，以形成最有效、最实用的指标体系。

第四，动态性原则。金融创新与民营经济增长的互动发展需要通过一定时间尺度的指标才能反映出来。

第五，可比、可操作、可量化原则。指标选择上，特别注意在总体范围内的一致性，指标体系的构建是为区域政策制定和科学管理服务的，指标选取的计算量度和计算方法必须一致统一，各指标尽量简单明了、微观性强、便于收集。

第六，综合性原则。金融创新与民营经济增长之间双向促进的良性互动机制是促进双赢的基础,也是综合评价的重点。

(二)指标体系说明与构建

1. 金融创新指标选取说明

金融创新的含义目前国内外尚无统一的解释。根据著名经济学家熊彼特对创新的定义:创新是指新的生产函数的建立,也就是企业家对企业要素实行新的组合。根据这个观点,部分学者提出了对金融创新的理解。广义的金融创新是指发生在金融领域的一切形式的创新活动,包括金融制度创新、机制创新、机构创新、管理创新、技术创新和业务创新。我国学者认为金融创新是指金融内部通过各种要素的重新组合和创造性变革所创造或引进的新事物。并认为金融创新大致可以归为三类:(1)金融制度创新;(2)金融业务创新;(3)金融组织创新。

针对金融创新的指标体系,闫光芹(2019)从金融创新能力与金融创新效率两个角度,具体包括金融业增加值、金融机构贷款总额、证券市场市值总额、保险收入、金融业从业人员、金融相关率、金融机构贷款/GDP、证券市场交易额/GDP、保险深度共计九个具体指标评价金融创新。焦妍妍(2019)从基础条件:金融业固定资产投资、金融业增加值、金融业城镇单位就业人员、金融业城镇单位就业人员工资总额;市场状态:银行业金融机构各项存款总额、银行业金融机构各项贷款余额、股票市价总值、境内上市公司数、全部保险机构保费收入等二个层面共计八个具体指标评价金融创新水平。以上两位学者较为领先的研究金融创新与区域经济增长、金融创新与产业结构优化的互动关系,其指标设计具有重要的借鉴意义。

2. 金融创新指标体系

基于上述指标选取依据,并考虑到安徽省的具体情况,考虑数据的可得性和准确性等因素(证券市场交易额、金融业从业人员等指标数据公开渠道较难获取),分别从金融创新能力、金融创新效率两个层面,共选择八个指标来构建金融创新指标体系。具体评价指标体系见表5-1。

表5-1 金融创新指标体系

子系统	一级指标	二级指标	单位
金融创新	金融创新能力	金融业增加值	亿元
		金融机构贷款总额	亿元
		股票市值总额	亿元
		保费收入	亿元
	金融创新效率	金融业增加值/GDP	%
		金融机构贷款总额/GDP	%
		证券化率	%
		保险深度	%

部分指标计算方法如下：

证券化率=股票市值/GDP

此处证券化率是一个地区上市公司的总市值与GDP的比率。它是衡量一个地区证券市场发展程度的重要指标，同时也是衡量一个地区经济发展水平的重要参考指标。

保险深度=保费收入/GDP

保险深度是指某地保费收入占该地国内生产总值（GDP）之比，反映了该地保险业在整个国民经济中的地位。保险深度取决于地区经济总体发展水平和保险业的发展速度。

3. 民营经济增长指标选取说明

民营经济是指除了国有及国有控股、集体经济、外商和港澳台商独资及其控股的经济组织，它的主要成分是私营企业、个体工商户和农民专业合作社。其中，私营企业和个体工商户在民营经济中又占据了绝大部分。在当前有关民营经济的统计资料和研究文献中，基本上是按照私营企业加个体工商户的构成加以统计和分析研究的。民营经济是具有中国特色的一种经济概念和经济形式。

针对民营经济增长的指标体系，研究金融支持与民营经济增长的相关研究选取指标较为单一，刘茗沁（2021）、邓生权（2022）等均仅仅选取了民营经济增加值来衡量民营经济增长水平。部分研究金融创新与区域经济增长关系的相关成果为本章提供了参考，闫光芹（2019）从经济规模、经济结构和经济效益三个方面来评价经济增长，包括全体居民财产净收入、地区生产总值、固定资产投资总额、社会消费品零售总额、进出口总额、一般公共预算收入、第三产业增加值/GDP、进出口总额/GDP、地区生产总值增长率、人均地区生产总值、城镇居民人均可支配收入、农民人均纯收入、就业人员年增长率等13个具体指标。康明（2022）以GDP总量、人均GDP、GDP增长率来衡量地区经济增长水平。

4. 民营经济增长指标体系

上述研究成果中，闫光芹（2019）的指标选取对本章民营经济增长指标体系构建具有重要的借鉴意义。基于上述指标选取依据，并考虑到安徽省的具体情况，考虑数据的可得性和准确性等因素，分别从民营经济规模、民营经济效益两个层面，共选择八个指标来构建民营经济增长指标体系，具体评价指标体系见表5-2。

表5-2 民营经济增长指标体系

子系统	一级指标	二级指标	单位
民营经济增长	民营经济规模	民营经济增加值	亿元
		民间投资总额	亿元
		民营经济进出口总额	亿元
		民营企业纳税额	亿元
	民营经济效益	民营经济增加值增长率	%
		民营经济增加值/GDP	%
		民间投资额增长率	%
		民间投资额占比	%

（三）数据的选取

本章以安徽省为研究对象，虽然前述梳理安徽省金融发展与民营经济增长的历程中，较为系统的梳理了以改革开放以来近40年间二者的相关变化，经历的阶段和当前的现状、特点。但是在建立上述指标体系后，鉴于部分数据的不可得，比如2005年及以前的民营经济进出口额，2003年及之前的股票市值等。综合考量后，以2006—2020年共计15年的数据作为研究样本。在金融创新综合评价指标体系中，包含金融创新能力、金融创新效率两个层面的八个指标数据，主要参考了《安徽省统计年鉴》《安徽省金融运行报告》《安徽省国民经济和社会发展统计公报》以及安徽省地方金融监督管理局官方网站（http://ahjr.ah.gov.cn/）等。在民营经济增长综合评价指标体系中，包含民营经济规模、民营经济效益两个层面的八个指标数据，主要参考《安徽省统计年鉴》《安徽省民营经济发展报告》《安徽省国民经济和社会发展统计公报》以及通过官方渠道咨询安徽省经济和信息化厅、安徽省商务局等获得。

二、耦合协调模型的构建

（一）模型选择

耦合度（coupling）始源于物理学，用于两个系统互相依赖于对方的量度，描述了两个系统或两个要素之间相互作用（或关联影响）的强弱程度。而协调度（coordination）是指两个系统或两个要素相互作用中良性互动程度的大小，体现了发展状况好坏和良性互动的关联性能否可持续发展，可以表征各系统或要素之间是在高水平上相互促进还是低水平上相互制约。因此，耦合协调度不仅反映了两个系统或两个要素之间相互关联影响程度强弱，也能体现出两个系统或两个要素之间良性发展状况的好坏。"金融创新-民营经济增长"不是一个独立的系统，金融创新为民营经济增长提供了重要的资金助力，民营经济的增长为金融进一步的改革创新创造了条件、助推了金融业的整体发展，两者形成一个相互影响、相互依赖的耦合体系。

本章将金融创新与民营经济增长之间相互影响、相互作用的关联强度定义为耦合度，将两者协调发展的互动关系定义为协调度，构建耦合协调模型展开实证研究。

耦合度值$C \in [0, 1]$，$C=1$表示两系统达到良性共振耦合状态，$C=0$表示两子系统处于无关状态。当$0<C \leq 0.2$，处于低度耦合阶段；当$0.2<C \leq 0.4$，

处于拮抗耦合阶段；当0.4＜C≤0.6，处于磨合阶段；当0.6＜C≤0.8，处于高度耦合阶段；当0.8＜C≤1，达到优质耦合。

为评判各个子系统交互的协调性，测算耦合协调度D值，将其划分为四个大层次：0＜D≤0.4，表示两子系统严重失调；0.4＜D≤0.6，为轻度失调；0.6＜D≤0.8，表明系统中等协调；0.8＜D≤1.0，系统优质协调。后续将会有更详细的层次划分，见表5-3。

（二）指标权重的确定

为了排除主观因素的影响，客观地确定各指标的权重，研究采用熵值法为各个指标进行赋权，具体计算过程如下：

首先，对原始数据进行标准化处理，由于各个指标的计量单位不同，研究采用极差法对原始数据进行处理，消除各个指标在量纲上的差异。表5-1、表5-2中的指标均是取值越大对子系统的贡献越大，因此，均按照正指标进行处理，

其公式为

$$Y_{ij} = \frac{X_{ij} - \min X_{ij}}{\max X_{ij} - \min X_{ij}} \tag{1}$$

其中：X_{ij}表示某子系统第i样本的第j个指标（$i=1, 2, \cdots, m$，$j=1, 2, \cdots, n$，m为样本数量，n为指标数量）的初始值；Y_{ij}为其标准化值。

其次，计算第j项指标所占的比重为

$$p_{ij} = Y_{ij} / \sum_{i=1}^{m} Y_{ij} \tag{2}$$

再次，确定第j项指标的熵值，计算公式为

$$E_j = -\frac{1}{\ln m} \sum_{i=1}^{m} P_{ij} \ln P_{ij} \tag{3}$$

最后，求第j项指标的权重为

$$W_j = \frac{1 - E_j}{n - \sum_{j=1}^{m} E_j} \tag{4}$$

（三）综合指数的计算

根据上述公式求出各个子系统具体指标的标准化值和权重，计算出各个子系统的综合指数，具体公式为

$$U_i = \sum_{j=1}^{n} U_{ij} \lambda_{ij} \qquad (5.1)$$

$$\sum_{j=1}^{n} \lambda_{ij} = 1 \qquad (5.2)$$

其中：U_i（$i=1$，2）为各子系统的综合指数，即U_1，U_2分别为金融创新和民营经济增长的综合指数。U_{ij}（$i=1$，2；$j=1$，2，…，n）为第i子系统第j项指标的标准化值，λ_{ij}为各个指标的权重。

（四）耦合度模型

金融创新与民营经济增长存在相互作用和相互影响的耦合关系，根据耦合模型的原理，构建金融创新与民营经济增长的耦合度模型为

$$C = 2\sqrt{\frac{U_1 U_2}{(U_1 + U_2)^2}} \qquad (6)$$

其中：U_1和U_2分别为金融创新和民营经济增长的综合指数；C为金融创新与民营经济增长两系统的耦合度，其取值在0到1之间，C取值越小代表两系统之间耦合度越小，反之，C取值越大代表耦合度越大。

参考康明等学者（2022）的研究成果，设定耦合度的等级标准如下：

表5-3 耦合度划分标注

耦合协调度D值	协调等级	耦合协调度
0~0.2	1	低水平耦合
0.2~0.4	2	拮抗耦合
0.4~0.6	3	磨合
0.6~0.8	4	高度耦合
0.8~1	5	优质耦合

（五）耦合协调度模型

耦合度可以反映各系统的交互程度和发展顺序，但不能反映各系统的相互作用水平，以及在多区域情况下不利于反映两个系统的真实耦合关

系、整体水平和耦合协调性。因此，可能存在高水平金融创新与高质量民营经济增长之间的高耦合状态，而低水平金融创新和低质量民营经济增长之间也呈现高耦合状态，总结出两者的耦合关系是错误的评价。故而需要耦合协调度模型来反映如金融创新与民营经济增长之间的协调程度。参考闫光芹（2019）对模型的设定，在耦合度模型的基础上，构建两系统的耦合协调度模型，具体如下：

$$D = \sqrt{C*T} \qquad (7.1)$$
$$T = \beta_1 U_1 + \beta_2 U_2 \qquad (7.2)$$

其中：D为金融创新-民营经济增长两系统的耦合协调度；C为两系统的耦合度；T为两系统的综合发展指数；β_1和β_2为待定系数。研究认为金融创新与民营经济增长进行比较时同等重要，因此取$\beta_1=\beta_2=0.5$。

同时，借鉴闫光芹、焦妍妍等学者的研究成果，设定耦合协调度的等级标准如表5-4所示：

表5-4 金融创新与民营经济增长耦合协调度评价等级

耦合协调度D值	协调等级	耦合协调度
0~0.0999	1	极度失调
0.1000~0.1999	2	严重失调
0.2000~0.2999	3	中度失调
0.3000~0.3999	4	轻度失调
0.4000~0.4999	5	濒临失调
0.5000~0.5999	6	勉强失调
0.6000~0.6999	7	初级协调
0.7000~0.7999	8	中级协调
0.8000~0.8999	9	良好协调
0.9000~1.0000	10	优质协调

第三节 安徽省金融创新与民营经济增长的实证分析

一、实证分析

（一）指标权重分析

指标权重确定的方法有主观和客观两个类别，主观赋权法一般是专家打分法，客观赋权法有熵值法、主成分分析法、因子分析法等。课题组经过比较，选择熵值法计算指标权重值。

熵值（Entropy）是一种物理计量单位，熵越大说明数据越混乱，携带的信息越少，效用值越小，因而权重也越小，熵值法则是结合熵值提供的信息值来确定权重的一种研究方法。

1. 金融创新系统指标权重分析

与前述指标排列顺序一致，金融创新指标分别是F1至F8。本章省略展示计算过程，将中间结果及最终的权重系数结果列示在表5-5。

表5-5 金融创新系统指标权重

指标项	信息熵值e	信息效用值d	权重系数W
F1	0.8585	0.1415	15.38%
F2	0.8727	0.1273	13.84%
F3	0.8809	0.1191	12.94%
F4	0.8836	0.1164	12.66%
F5	0.8443	0.1557	16.93%
F6	0.9051	0.0949	10.31%
F7	0.9346	0.0654	7.91%
F8	0.9004	0.0996	10.83%

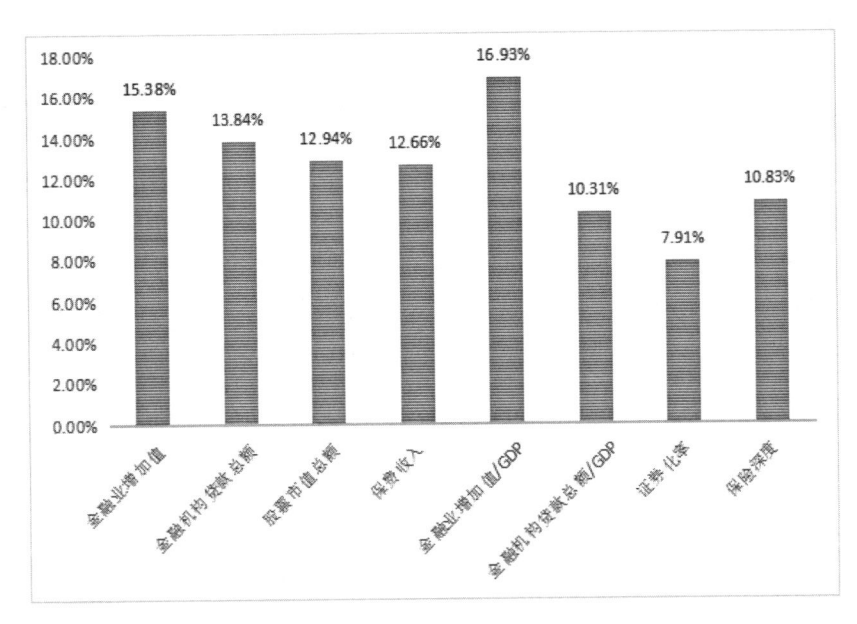

图5-1 金融创新系统指标权重

用熵值法对金融业增加值等总共8项进行权重计算，从上表可以看出：金融业增加值、金融机构贷款总额、股票市场市值总额（亿元）、保费收入、金融业增加值/GDP、金融机构贷款总额/GDP、证券化率、保险深度总共8项指标，它们的权重值分别是15.38%、13.84%、12.94%、12.66%、16.93%、10.31%、7.91%、10.83%。各项指标间的权重大小有着一定的差异，其中"金融业增加值/GDP"这项指标的权重最高为16.93%，以及证券化率这项指标的权重最低为7.91%。

金融创新系统的8项指标权重总体介于7.91%~16.93%，差距相对较大，说明这8项指标在衡量安徽省民营经济增长水平中所起的作用存在主次之分，金融业增加值占GDP比重等较好反映了安徽省金融发展及金融创新水平；另一方面由于安徽省股票市值受较多因素干扰，其占GDP的比重即证券化率指标数据波动较大、稳定性较弱，因而在本章构建的金融创新评价指标体系中权重最低。

2. 民营经济增长系统指标权重分析

与前述指标排列顺序一致，民营经济增长质量指标分别是E1至E8，中间结果及最终的权重系数结果如下：

表5-6 民营经济增长系统指标权重

指标项	信息熵值e	信息效用值d	权重系数W
E1	0.8915	0.1085	13.09%
E2	0.9048	0.0952	11.50%
E3	0.8780	0.1220	14.73%
E4	0.9088	0.0912	11.01%
E5	0.9087	0.0913	11.02%
E5	0.8988	0.1012	12.22%
E7	0.8945	0.1055	12.74%
E8	0.8867	0.1133	13.68%

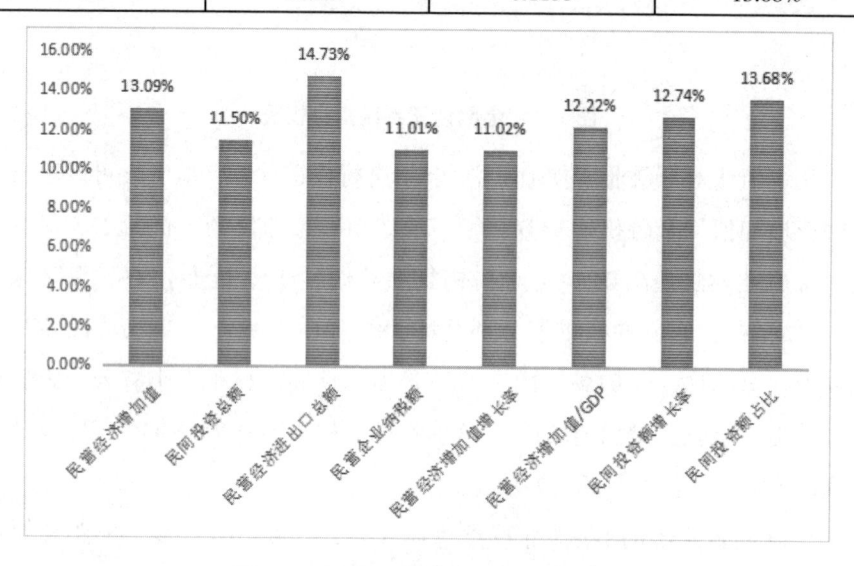

图5-2 民营经济增长系统指标权重

用熵值法对民营经济增加值等总共8项进行权重计算，从上表可以看出：民营经济增加值、民间投资总额、民营经济进出口总额、民营企业纳税额、民营经济增加值增长率、民营经济增加值/GDP、民间投资额增长率、民间投资额占比总共8项指标，它们的权重值分别是13.09%、11.50%、14.73%、11.01%、11.02%、12.22%、12.74%、13.68%。各项指标的权重大小有着一定的差异，其中民营经济进出口总额这项的权重最高为14.73%，以及民营企业纳税额这项的权重最低为11.01%。

民营经济增长系统的8项指标权重总体介于11.01%~14.73%，差距相对较小，说明这8项指标在衡量安徽省民营经济增长水平中所起的作用都较为重要。

（二）综合指数分析

表5-7　2006-2020年安徽省金融创新与民营经济增长的综合指数

年份	综合指数	
	金融创新U1	民营经济增长U2
2006年	0.0396	0.2822
2007年	0.0687	0.2079
2008年	0.2683	0.3874
2009年	0.2073	0.3998
2010年	0.2701	0.3388
2011年	0.2011	0.4384
2012年	0.2157	0.2970
2013年	0.2331	0.3995
2014年	0.3381	0.4379
2015年	0.4836	0.4699
2016年	0.5645	0.4892
2017年	0.6758	0.4388
2018年	0.6359	0.4801
2019年	0.7575	0.8068
2020年	0.8967	0.6679
均值	0.3904	0.4361

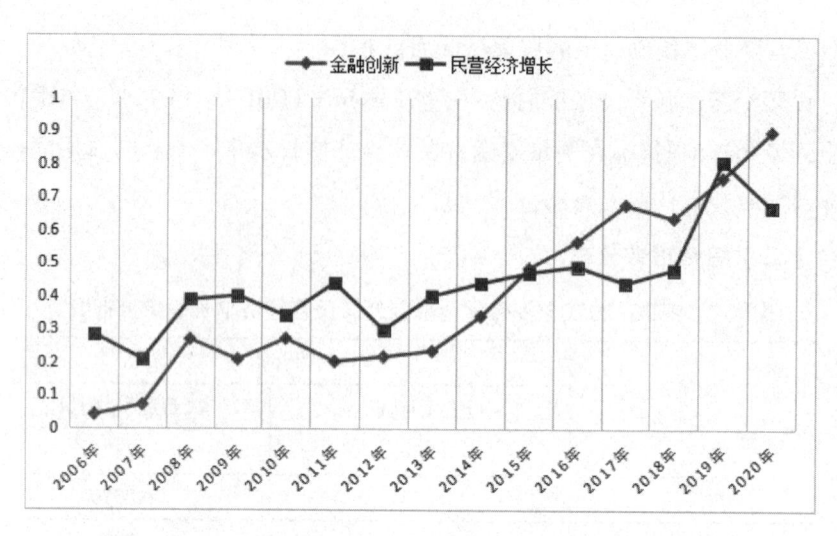

图5-3 安徽省金融创新与民营经济增长综合指数变化趋势

从安徽省金融创新与民营经济增长两系统的综合指数来看：

2006—2020年安徽省金融创新综合指数整体呈上升趋势：2006年金融创新综合指数仅为0.0396，2013年达到0.2331；随后在2013—2020年呈显著上升趋势，综合指数由0.2331增长到0.8967，年均增长率为21.22%，说明在这7年中，安徽省尤为重视金融业发展，大力推动金融供给侧改革，引导金融脱虚向实、服务实体经济发展，从而使金融创新取得了较好的成效。

从民营经济增长指数来看，2006—2020年安徽省民营经济增长综合指数同样整体呈上升趋势，但上升趋势可以分为多个阶段：

第一阶段：2000—2012年，曲折上升阶段。2006年民营经济增长综合指数为0.2822，2007年最低达到0.2079，2011年最高达到0.4384，最终2012年为0.2970，主要原因是这一阶段民营经济增加值增长率指标数据波动较大，影响了综合指数得分。

第二阶段：2013—2018年，民营经济增长的综合指数呈平稳上升趋势，由0.2970增长到0.4801，年均增长率7.1%，说明在这7年中，安徽省民营经济稳步发展，民营经济在国民经济中的比重日益上升。

第三阶段：2019—2020年，2019年民营经济增长的综合指数急剧上升到0.8068，主要原因是2019年民营经济增加值急剧增长到23421.3亿元，相比2018年的17365.8亿元，增长率高达29.1%。2020年，安徽省民营经济增加值2.34万亿元，增长率回落到4.4%，同时民营经济增长的综合指数亦回落到0.6679。说明安徽省民营经济具有相当大的发展潜力，当金融等各方面的支持到位，民营经济规模和效益将取得突破性增长。

（三）耦合协调度分析

根据计算的综合指数，根据式（6）至式（7）计算出2006—2020安徽省金融创新与民营经济两系统之间耦合协调度，计算结果如下：

表5-8　2006-2020年安徽省金融创新与民营经济增长耦合协调度计算结果

	耦合度C值	协调指数T值	耦合协调度D值	协调等级	耦合协调度
2006年	0.512	0.071	0.190	2	严重失调
2007年	0.781	0.027	0.144	2	严重失调
2008年	0.998	0.288	0.536	6	勉强协调
2009年	0.973	0.263	0.506	6	勉强协调
2010年	0.995	0.249	0.498	5	濒临失调
2011年	0.944	0.291	0.524	6	勉强协调
2012年	0.989	0.184	0.426	5	濒临失调
2013年	0.986	0.277	0.523	6	勉强协调
2014年	0.999	0.369	0.607	7	初级协调
2015年	0.997	0.478	0.690	7	初级协调
2016年	0.992	0.540	0.732	8	中级协调
2017年	0.951	0.563	0.731	8	中级协调
2018年	0.979	0.574	0.749	8	中级协调
2019年	0.996	0.910	0.952	10	优质协调
2020年	0.992	0.876	0.932	10	优质协调

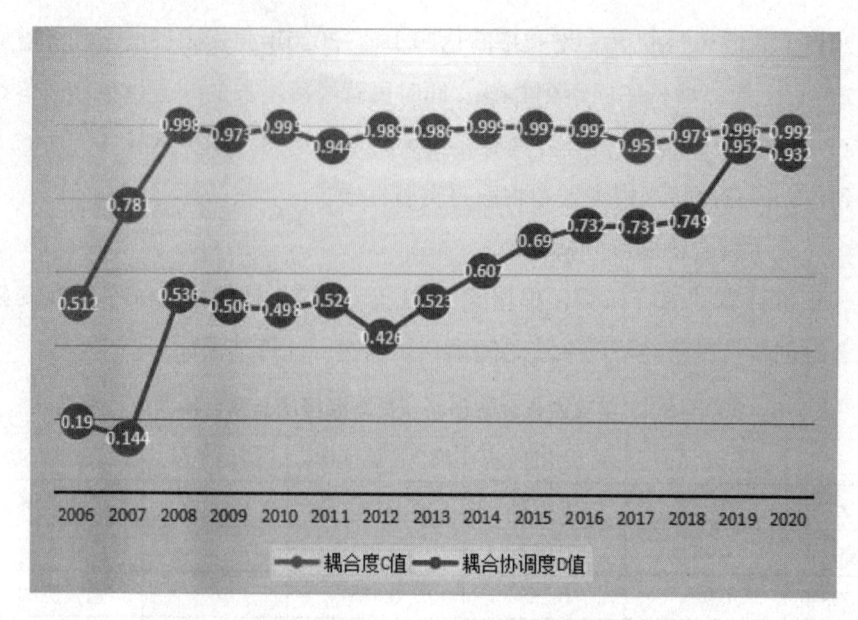

图5-4　2006—2020年安徽省"金融创新与民营经济增长"系统耦合趋势

从C值来看，2006—2020这十五年中，2006年耦合度较低，为0.512，处于磨合状态。但随后耦合度C值快速上升，2007年上升到0.781，达到高度耦合。2008年该系统耦合关联度达到最高值0.998，且2008—2020年耦合度值均介于0.95~1.0之间，这期间耦合度值虽有波动，总体而言持续保持较高水平，表明2008—2020年安徽省金融创新与民营经济增长基本保持优质耦合状态。这主要与安徽省不断加大金融创新力度，大力支持民营经济发展有关。

从D值来看，2006—2020年这十五年间可以分为四个阶段。

第一阶段：2006—2007年D值介于0.1~0.2之间，处于严重失调状态。

第二阶段：2008—2013年该数值在0.426到0.536之间上下波动，处于勉强协调与濒临失调之间，二者协同促进作用尚未完全显现。

第三阶段：2014—2018年，D值稳定上升。2014年D值达到0.607，实现初级协调。2016年D值达到0.732，实现中级协调，金融创新与民营经济增长协同促进作用逐步显现。

第四阶段：2019—2020年，D值进一步上升。2019年D值达到0.952，

2019—2020年D值均介于0.9～1.0之间，金融创新与民营经济增长两者之间达到优质协调。

二、结论

经实证分析，本章得出以下结论：

第一，从时间维度来看安徽省金融创新与民营经济增长耦合协调发展势头良好。2006—2007年，二者之间的耦合度与协调度均离预期目标差距较大，到2008—2013年间，两系统已经达到高度耦合，但协调性较差，未达到良性共振。2014—2018年，两系统持续保持高度耦合，同时逐步迈入初级协调、中级协调状态，金融创新与民营经济增长协同促进作用逐步显现。2019年金融创新与民营经济增长两系统耦合度、协调度均超过0.95，达到高度耦合、优质协调状态。

第二，从金融创新来看。改革开放以来，安徽省金融业发展迅速，主要指标保持全国领先、中部前列的良好态势。2020年，安徽省金融业增加值达到2553.90亿元，占GDP比重达到6.60%，安徽省已跻身中国金融业十大强省。金融创新正是安徽省金融业近年来快速发展的动力源泉，通过金融制度、金融市场、金融机构等有关方面的不断创新，提高了金融市场的运行效率，使得金融作用力即金融对于整体经济运行、经济发展的作用能力大大加强。

金融业在安徽省政府引导下获得了迅猛发展，金融规模快速增加，金融服务质量、效率不断提高，金融改革创新深入推进，金融生态环境持续改善。同时安徽省不断加大金融对民营经济支持力度，有力地支撑了民营经济的快速增长。

第三，从民营经济增长来看。民营经济增长水平的综合指数稳定上升，说明安徽省民营经济在政府部门、金融机构等大力支持下，保持了稳定的增长速度。2020年安徽省民营经济增加值达到2.34万亿元，占GDP比重达到60.6%。民营经济为安徽省创造了大量的社会财富，为财政贡献了相当客观的税收收入，解决了大部分的就业问题。

民营经济的增长为安徽省金融发展及金融创新奠定了基础，包括：民营经济增长增加了社会财富，促进银行业飞速发展、中小金融机构纷纷成立；优质民企的金融需求使得金融机构具备了更多优质客户；促使金融机构不断在金融服务的机制、业务、产品、服务领域和范围方面创新和拓展；民营经济发展过程中安徽省各地产业集群的形成降低了金融机构的交易成本和风险，提高了其经营效益。

根据实证研究得出的结论和启示，笔者分析后提出的建议如下：

首先，要实现安徽省金融创新与民营经济增长协同发展，关键是把握好二者的内在联系和相互作用机理。民营经济增长是核心，金融创新是民营经济增长的保障，民营经济增长为金融创新奠定了基础、激发了金融业寻求改革与发展的内生力量。

其次，要提高安徽省金融创新与民营经济增长的耦合协调度，应当进一步推动金融创新。需要充分调研安徽省民营经济主体市场需求，引导金融脱虚向实、更好的服务实体经济，为民营经济高质量发展提供金融支持。应当建立多层次、高效率的金融服务体系，提升安徽省民营经济金融服务水平，促进安徽省民营经济高水平增长。

最后，要保障更好的实现金融创新与民营经济增长的协同发展，还要做到：完善金融创新服务民营经济的运行机制；建立健全金融创新服务民营经济的支持体系；夯实民营企业产业根基与机制完善，防范负债融资风险；推动金融改革创新中注重风险防范、加强监管，维护金融业良性发展。

第六章　安徽省民营经济金融需求新特征、面临的金融困境与因素分析

第一节　安徽省金融服务民营经济的现状

一、安徽省金融服务民营经济的现状

截止2020年末，安徽省本外币存款余额达到60468.34亿元，贷款余额为52124.97亿元，银行业金融机构总资产为7.71万亿元。年末全省A股上市公司共有126家，市值为18772亿元，同比增长43.6%；全年证券市场融资额为351.6亿元。全年实现保费收入1403.53亿元，保险深度3.63%。

表6-1　2011-2020安徽省主要金融数据

年份	金融业增加值（亿元）	金融业增加值/GDP	金融机构存款总额（亿元）	金融机构贷款总额（亿元）	银行业金融机构资产（万亿）	证券市场交易额（万亿）	证券市场筹资额（亿元）	保费收入（亿元）	保险深度=保费收入/GDP
2011年	503.85	3.09%	19547.3	14146.4	2.03	——	358.4	432.30	2.65%
2012年	617.62	3.37%	23211.5	16795.2	2.98	1.1	141.1	453.61	2.47%
2013年	735.44	3.57%	26948.6	19684.0	3.51	1.75	244.6	483.01	2.35%
2014年	1046.67	4.65%	30088.8	22754.7	4.01	2.65	190.1	572.29	2.54%
2015年	1241.87	5.21%	34826.2	26144.4	4.58	8.25	271.8	698.92	3.93%
2016年	1447.02	5.50%	41324.3	30774.5	5.43	5.05	1035.7	876.10	3.33%
2017年	1663.59	5.61%	46146.9	35162.0	5.99	5.03	463.4	1107.16	3.73%
2018年	2064.55	6.05%	51199.2	39452.7	6.55	4.33	535.1	1209.73	3.55%
2019年	2345.64	6.37%	54377.9	44289.3	6.98	8.7	441.2	1348.65	3.66%
2020年	2553.90	6.60%	60468.3	52125.0	7.71	——	351.6	1403.53	3.63%

数据来源：2011-2020安徽省金融运行报告、安徽省证监局、统计年鉴
注：金融机构存贷款余额为本外币合计数

2021年以来，安徽省金融机构积极入驻省中小微企业综合金融服务平台，省市一体化综合金融服务体系有序构建。为进一步提升金融服务普惠小微企业质效，安徽省积极推动普惠小微企业贷款延期还本付息和信用贷款支持政策落实，确保两项直达货币政策工具精准普惠小微企业。

二、安徽省金融服务民营经济取得积极成效

总体来看，安徽省金融服务体系不断完善，已初步构成银行、保险、证券、期货、信托及融资中介等种类齐全、功能完善的现代金融体系。并且在推动民营经济融资方面取得了一定成效。

（一）积极搭建多样化服务平台，实现银企精准对接

搭建银企对接平台。为充分发挥金融机构与企业双间联动积极性，扩大有效信贷投放，加快各类要素输送，安徽省政府办公厅印发《2018年全省银企对接活动总体方案的通知》［皖政办秘（2018）73号］。并定期开展银企对接活动，形成常态化机制。

（二）直接融资得到突破

2015年安徽省出台充分利用多层次资本市场新政，积极培育上市（挂牌）后备资源，增加上市（挂牌）企业数量，扩大股权融资规模，提升直接融资比重，提升国民经济证券化水平。2015—2020年，安徽省民营上市公司由26家增至70家，民营上市公司市值由2950.2亿增加到了9757亿。十三五期间安徽省上市公司资本市场股权融资金额达2827亿元。同时鼓励新设股权投资机构、鼓励民营企业挂牌"新三板"、安徽省区域股权交易中心以及利用证券公司柜台市场（OTC市场）等打通直接融资渠道。2020年末，安徽省新三板挂牌企业达296家，位居中部第1位。2020年9月安徽省区域性股权市场挂牌企业达6823家，挂牌企业数量达到全国第1位，其中省股交中心设立科技创新板，挂牌企业为2989家。为挂牌企业提供股权融资、贷款、可转债、并购重组、金融咨询等综合性金融服务。

债券融资方面，2013年全省实现超短期融资券、小微企业专项金融债

的首次发行。安徽省高速控股公司成为全国首批发行超短期融资券的地方性国企之一，芜湖扬子农村商业银行是全国第四家获准发行小微企业专项金融债的农村金融机构，华安证券短期融资券通过审批。

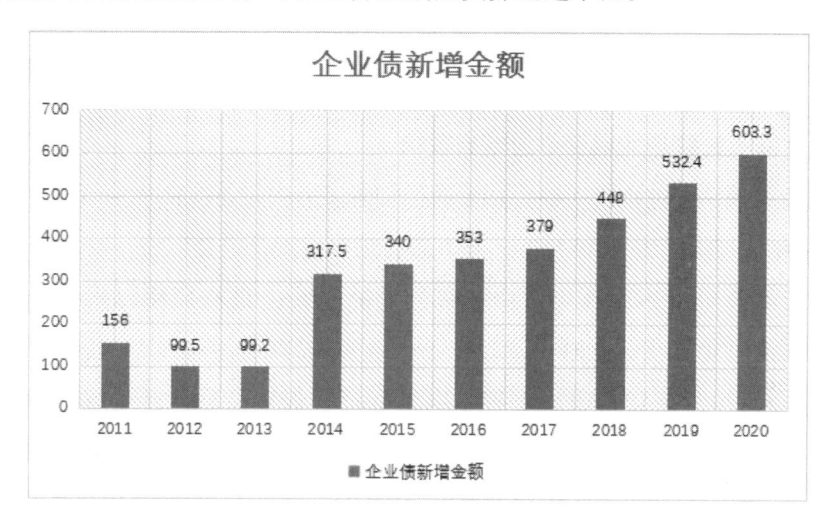

企业债新增金额

年份	金额
2011	156
2012	99.5
2013	99.2
2014	317.5
2015	340
2016	353
2017	379
2018	448
2019	532.4
2020	603.3

图6-1 2011-2020安徽省企业债年新增金额

由上图可看出，十二五期间2014年安徽省企业债发行创历史新高，共22家企业发行债券价值合计317.5亿元，发行规模是2013年的3.2倍。随后2015—2016年安徽省企业债年新增金额稳定增长，2020年企业债年新增金额达636.6亿元，安徽省债券市场发行规模稳步扩大。

（三）金融产品有所创新

中信银行推出"信e融"，采用差异化定价策略、线上化操作手段，满足各类企业1到6个月的短期融资需求。邮储银行安徽省分行近年来逐步完善了包含联动分保、农保贷、科保贷等"政银担+"产品体系。针对省内专精特新、高新技术企业早期存在规模小、资产轻、抵押担保手段不足的情况，创新采用股权质押、专利权质押等新型抵质押方式给客户提供融资。此外，还以智能化为发力点，专门引入了大数据分析，先后推出了"邮易贷""数据贷"等基于场景分析的信贷产品，结合减费让利，将实惠传递到实体经济，切实推动企业降低成本。

多渠道激发绿色金融内生活力。扎实推进绿色金融改革创新工作，加快创新型绿色信贷产品和服务落地显效。股份制银行加强绿色信贷标识管理、绿色供应链金融、污水收费权ABS等业务。城商行及农商行系统坚持"服务中小、服务地方"市场定位，创新推出环保贷、供应链绿色票据贴现、光伏贷等特色项目。地方法人金融机构积极发行绿色金融债券，募集资金专项支持绿色发展。

（四）民营企业融资总量增长较快

多年来，安徽省调动政府、金融机构等多方力量持续优化信贷结构，引导更多信贷资源投向实体经济，并大力扶持民营经济主体。

安徽省政银担服务民营企业融资成绩显著。自2015年以来，安徽省新型政银担业务在保余额由281.87亿元增至2021年底的1595.47亿元，增长466%。至2021年12月末，全省政府性融资担保体系累计开展政银担业务5104.47亿元，服务中小微企业、个体工商户和农户等各类主体14.28万户（次）。政银担业务平均担保费率降至0.87%，低于国家提出1%的要求；平均贷款利率降至5.31%，确实落实降低企业融资成本的目标。

（五）金融机构让利实体经济，民营经济融资成本降低

2020年，安徽省金融机构认真落实降成本要求，全年一般贷款加权平均利率同比下降0.57个百分点，其中企业贷款加权平均利率同比下降0.56个百分点。货币政策工具引导融资成本降低成效显现，金融机构运用支农、支小再贷款发放的贷款利率分别低于同期同档次利率1.28个、0.78个百分点。中国人民银行合肥中心支行加强政策宣传和业务指导，督促法人金融机构认真做好各项工作，确保存量浮动利率贷款定价基准转换有序推进。

2021年12月，安徽省金融机构新发放企业贷款利率为4.28%，较上年同期下降0.43个百分点。分规模看，新发放小微企业贷款的加权平均利率为4.96%，比上年同期下降0.31个百分点。按投向看，新发放制造业贷款加权平均利率为4.15%，其中信用贷款利率为3.24%。金融机构让利实体经济，企业获得感明显增强。

第二节　安徽省民营经济金融需求特征

笔者2020年下半年针对安徽省民营企业和个体户金融需求现状做了相关调查,共收回有效问卷2141份,整理出有效受访企业及个体户1841家。2022年初,实地访谈了部分个体户、民营中小微企业,总结出安徽省民营经济金融需求的特征如下。

一、金融需求用途多元化

民营企业的数量众多,规模各不相同,遍布各行各业。金融需求用途也呈现多元化特征。包括偿还到期借款、补充流动资金、扩大规模和经营范围、开发新产品、拓展新市场、引进或自行研发新技术、产业转型升级等。

表6-2　民营经济主体贷款需求用途问卷调查汇总

民企类别	样本数	偿还到期借款	补充流动资金	扩大规模、扩大经营范围	开发新产品	拓展新市场	引进或自行研发新技术	产业转型升级
民营上市公司	51	6	7	35	19	25	28	16
民营大型企业	148	11	28	87	63	42	34	29
民营中型企业	316	73	157	95	153	87	74	31
民营小型企业	502	168	185	184	137	88	92	57
民营微型企业	400	155	273	117	23	16	14	0
个体户	424	123	151	124	0	0	0	0
合计	1841	536	801	642	395	258	242	133

民营小微企业的金融需求按先后顺序分别是扩大规模和经营范围、开发新产品、补充流动资金。民营中型企业的金融需求主要是扩大规模和经营范围、开发新产品、拓展新市场、引进或自行研发新技术。民营大型企业相较中型企业还有较多的产业转型升级的金融需求。

二、金融需求方式更加灵活

（一）对融资期限的需求更灵活、长期化趋势更明显

民营企业的金融需求方式更加灵活。与民营小微企业融资需求相比，民营大中型企业对融资期限的需求更加灵活，且长期化趋势更为明显，倾向于3年左右的中长期贷款。民营大中型企业财务管理更为规范，对融资成本和融资结构的把控水平更高，对资金周转的灵活性要求更高。

较多受访民营企业表示，希望在信贷融资时金融机构可结合企业发展阶段特点、金融需求和风险特征，采取更灵活的利率定价和利息还付方式，允许借款企业随时提前还款。

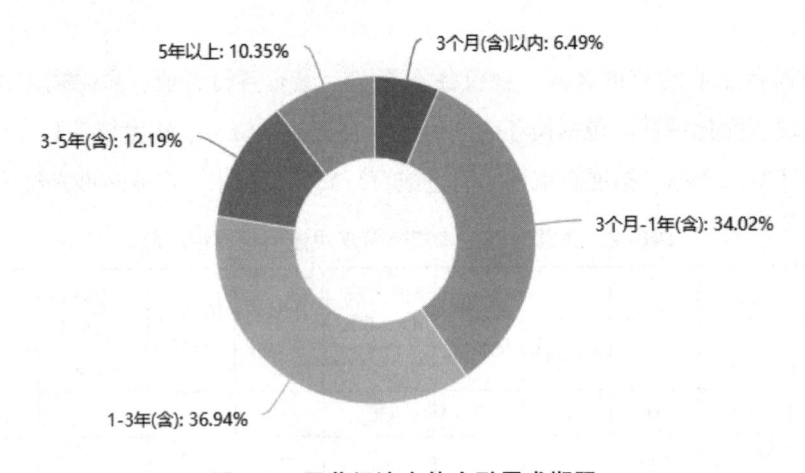

5年以上: 10.35%
3个月(含)以内: 6.49%
3-5年(含): 12.19%
3个月-1年(含): 34.02%
1-3年(含): 36.94%

图6-2 民营经济主体金融需求期限

（二）"线上+线下"提升融资便利

传统融资方式多为线下融资，民营经济主体有资金需求时自行选择金融机构申请信贷融资，有资金需求的企业与有充足资金、服务民营经济意愿较强的金融机构互相之间信息不对称，造成融资效率低下、融资成功率低。而线上融资方式能促进企业快速完成线上贷款申请，银行快速调取信用数据，通过风控模型自动审核并贷款，企业全程"0跑腿"，有效缩短贷款流程，节约时间成本。

"一库双网一平台"的模式能实现信息共享和线上融资高效对接。通过成立"民营企业信用信息系统"数据库、"金融服务共享平台"。扩大数据库信用信息覆盖面,加大力度引进金融机构入驻金融共享平台,上线多款信贷产品。首先企业通过前端平台发布融资需求,银行接收到企业信息后,在后端信用系统数据库查询企业信用报告,并决定是否放贷和授信额度,最后在线上融资平台直接完成融资对接,大幅提高民营经济主体融资成功率。

三、金融需求额度增大

随着现代经济的快速发展,民营企业面临着激烈的市场竞争环境,不进则退。这就意味着民营企业需要大量的资金用于新产品、新技术的研发,需要开拓市场,更新设备以及自身的转型升级等,因此绝大部分民营企业都存在较大的资金缺口。

表6-3 民营经济主体贷款需求额度问卷调查汇总

民企类别	样本数	50万元（含）以下	50万元—100万元（含）	100万元—500万元（含）	500万元—2000万元（含）	2000万元以上
民营上市公司	51	3（5.88%）	0（0%）	1（1.96%）	19（37.25%）	28（54.9%）
民营大型企业	148	2（1.35%）	1（0.68%）	16（10.81%）	68（45.95%）	61（41.21%）
民营中型企业	316	7（2.22%）	26（8.23%）	114（36.08%）	107（33.86%）	62（19.62%）
民营小型企业	502	71（14.14%）	239（47.6%）	164（32.67%）	24（4.78%）	4（0.8%）
民营微型企业	400	75（18.75%）	195（48.75%）	123（30..75%）	5（1.25%）	2（0.5%）
个体户	424	155（36.56%）	216（50.94%）	38（8.96%）	14（3.3%）	1（0.24%）
合计	1841	313	677	456	237	158

调查显示，民营小微型企业金融需求额度较为集中在50万—500万之间；民营中型企业金融需求额度较为集中在100万—500万之间；民营大型企业超过八成金融需求额度超过了500万，其中超过四成金融需求额度超过2000万。

四、金融需求层次升级

（一）企业规模不同，金融需求层次不同

民营经济的发展对金融服务提出了更高的要求。民营企业的资金需求与企业规模成正相关关系，随着企业规模的扩大，企业产品结构更丰富、研发能力更强大、市场范围更广阔，同时竞争层面升级，其金融需求也不断升级。民营企业不论采用成本领先战略、差异化战略还是集中化战略，都需要强有力的资金保障。同时基于优化公司资本结构、提升公司治理水平、降低财务风险的诉求，公司将倾向于股权融资，对于多元化的金融服务需求力度更大。

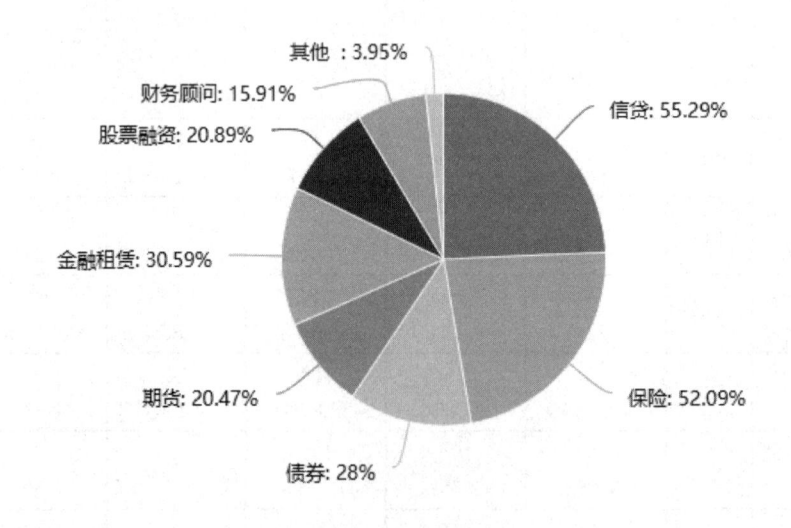

其他：3.95%
财务顾问：15.91%
股票融资：20.89%
金融租赁：30.59%
期货：20.47%
债券：28%
保险：52.09%
信贷：55.29%

图6-3 民营经济主体金融需求层次

随着现代金融工具的日益丰富，民营企业金融需求的层次也不局限于

第六章 安徽省民营经济金融需求新特征、面临的金融困境与因素分析

传统的银行贷款。由于各种自然风险、行业风险、国际政治风险的存在，民营企业基本都有保险诉求。调研显示，民营小微企业目前主要还是信贷诉求；民营中型企业金融需求的层次更丰富，包括信贷需求、保险需求、债券需求、金融租赁、期货和财务顾问；民营大型企业（未上市企业）相对更倾向于股权融资、债券融资需求。

（二）企业发展阶段不同，金融服务需求不同

民营企业、个体户在创业阶段，资金的来源基本是自有资金和信贷资金，金融需求集中在信贷需求层面。此阶段企业现金流量基本为负值，处于不断投资使得资金不断流出的阶段，需要银行等金融机构提供无抵押贷款等纯信用贷款，同时需要银行提供灵活的还款方式和较长的融资期限。

在民营企业成长期，企业的产品结构得到完善，市场规模逐步扩大，企业的利润稳定增加。企业需要增加融资来增加研发投入、扩大产能、进一步占领市场。企业的金融服务需求更丰富，包括信贷需求、风投资金需求、保险需求和金融租赁等。

在民营企业成熟期，企业拥有了稳定的生产经营能力、较大的市场份额。企业营收和利润都上了新的台阶，企业将有精力开展多元化经营，实现进一步扩张。此时企业的融资渠道和方式也趋向多元化，企业更倾向于股权融资，优化资本结构，降低财务风险。因此企业会谋求通过资本市场实现上市融资，企业需要专业的财务顾问等辅助上市工作，企业一般先登陆安徽省区域股权交易中心或新三板市场，最终目标是实现场内资本市场中（主板、创业板和科创板）的IPO融资，此时企业金融需求的质量更高。

（三）企业行业性质不同，金融服务需求不同

企业的行业性质主要在发展前景、盈利水平、资产负债率等方面存在差异。一、对于制造业民营企业，由于企业技术研发、固定资产投资等各方面所需资金规模较大，其资金缺口相对较大，企业的金融服务需求呈现全方位、多元化、复杂化的特点。二、对于商贸流通业民营企业，其存货在资产中所占比重较高，其融资需求呈现额度小、周期短、频率高的特点。三、对于餐饮、酒店、旅游、影院等服务业民营企业，近两年疫情反

复，服务业受到的冲击最大，面临着经营困难等局面，金融需求集中在信贷需求解决资金流动性，以及保险需求应对各种类型的风险冲击等。四、对于高科技型民营中小企业，由于企业资产中无形资产比重较高，信贷融资时缺乏抵押物。同时企业研发投入较大，存在新产品研发迟迟不成功的风险，企业盈利能力非常不稳定，银行贷款的难度较高。企业融资更依赖风险投资基金，如CVC、IVC等风险投资基金。

第三节 安徽省民营经济面临金融困境的影响因素分析

一、需求侧因素分析

（一）组织治理结构不健全、财务管理不规范

改革开放四十年以来，我国经济发展取得了世界瞩目的耀眼成绩。同时，民营企业大部分历史并不悠久，许多民营中小型企业成立时间往往不过几年，众多企业创始人等不具有高水平的文化素质和管理能力。企业组织治理结构不健全，存在公司章程不够规范、管理机制和内控机制不完善、产权混乱、财务决策不合理等问题，这些都会给企业带来无法预知的高风险，使得银行难以准确把握企业的经营状况、发展前景。另一方面，部分小微企业财务制度不健全，其财务信息的可靠性、可理解性、可比性达不到要求，金融机构难以就其不规范不完整的财务信息做出风险识别和信贷决策，这些信息不对称对民营企业从正规金融渠道实现融资造成了很大的障碍。

（二）抵押担保物不足

为规避风险，银行在放贷时通常要求企业提供相应的抵押或担保。但安徽省许多中小微企业本身规模较小，难以提供足额有效的抵押物品。而随着企业风险意识的提高，企业之间相互提供担保的意愿降低，从而造成了企业贷款抵押和担保难的现象。在银行实行严格风险控制的体制下，银行只倾向于向有足够抵押和担保物的企业发放贷款，缺乏抵押和担保的民

营中小企业自然难以获得银行资金。

（三）自身财务状况不佳、信用水平偏低

从安徽省民营企业发展现状来看，大多数民营企业存在规模小、管理水平和技术水平偏低、生存发展不稳定、风险承受和管理能力弱等问题，从而导致自身财务状况不佳、信用水平偏低。因而贷款风险较大。在现代金融管理强化风险控制、防范金融风险的情况下，民营企业存在的这些问题明显与金融机构的风控理念矛盾，从而制约银行贷款的发放。

二、供给侧因素分析

（一）金融制度安排与供给不足

追根溯源，钳制民营经济发展的融资问题源于传统经济体制下发展的国有金融体制。在"预算软约束"条件下，国有银行为国有企业提供贷款，即使国有企业无法归还，在政府的支持下，银行的呆坏账可以按规定核销，贷款人员不承担责任。而民营企业则不受这种政策支持，一旦出现呆坏账，放贷机构和人员要承担相应责任，从而致使国有银行缺乏向民营企业发放贷款的意愿。在这种情况下，民营经济自然就无法在国有金融体制中寻找获得金融支持的机会，大量社会资金被国有企业占有。金融制度安排与供给不足导致：

1. 民营经济信贷市场供给不足

近年来，安徽省民营企业及个体户数量增长速度日益加快导致金融需求增多，民营经济主体主要是部分民营企业生产经营规模扩大对资金的需求也加大。随着生产规模的扩大及产业升级、产业结构调整等转变，民营企业对贷款需求的期限也更加多样化，其贷款期限整体呈现中长期化的趋势。但民营企业规模小、管理水平和技术水平偏低、生存发展不稳定、风险承受和管理能力弱等问题，因而贷款风险较大。而金融机构对借款人在额度、利率、期限和抵押担保方式等信贷准入条件偏紧。在现代金融管理强化风险控制、防范金融风险的情况下，民营企业存在的这些问题明显与金融机构的风控理念矛盾，从而制约银行贷款的发放，使得民营经济信贷市场的供给总量和业务结构都不能适应现实需要。

2. 保险市场供给不足

前文提到，安徽省人身保险业务是保费收入的主要来源，且财产保险中保费收入主要来自机动车辆险，说明企业参与保险的意愿不强，带给保险业的保费收入占比非常低。反映保险业目前提供的现有保险产品不能覆盖民营企业现实情况中面临的更复杂多变的风险。

现实情况说明，目前安徽省商业保险对于民营经济主体的覆盖面不广，民营中小微企业参保率较低。从保险产品设计来看，现有保险产品不能覆盖民营企业现实情况中面临的更复杂多变的风险。其根本原因是民营企业保险供给不足，包括保险的制度供给、产品供给、服务供给均存在不足。保险服务的深度和广度有待挖掘，服务效率有待提升。

3. 资本市场供给不足

一方面场内市场中主板准入标准要求过高，成长中的民营中小企业较少能达到要求，创业板的创立虽为中小型民营企业提供了直接融资平台，但其对中小企业上市的限定非常严格，基本只允许高新技术企业上市。科创板开通一年以来，成功上市的公司75%集中在生物医药、计算机、机械设备、电子行业，同样青睐高科技企业，对其他行业领域的民营企业直接融资作用不明显。另一方面场外市场即新三板的市场活跃度与主板、中小板、创业板根本不在一个层级上，由于交投量的不足，使得大量新三板挂牌企业既无法享受到资本市场的融资功能。新三板目前的作用主要体现在优秀民营企业上市前的一个跳板作用。通过申请新三板上市规范自身的公司治理体制、提升企业知名度，待时机成熟在从新三板退市，申请主板或创业板、科创板上市。一些特色优势明显、发展潜力大的民营企业没有被发掘。

（二）金融服务市场的多样性不足

民营企业规模、行业、发展程度均差异较大，都决定了服务民营经济的金融市场需要多样性存在和多元化发展。随着金融供给侧改革和普惠金融的发展，金融服务体系不断健全，金融覆盖面更广。但金融市场服务民营经济仍存在服务力度不足、服务功能不够多元化、金融产品缺乏多样性等问题，难以满足民营企业的多元化需求。

金融机构应顺应经济发展要求，充分调研市场需求，了解不同民营经济主体的融资需求差异。扎实开展金融服务方式创新活动，推动"供应链"金融等新型金融模式的推广，利用大数据、区块链、云计算等技术创新业务模式和金融产品，加强与担保、保险机构的合作等，从而为民营经济主体提供更多、更便捷、更优质的现代化金融服务。

（三）金融组织体系的差异化不足

民营中小微企业自身的诸多不足决定了服务民营经济的金融供给成本高、回报低、风险大。民营经济的金融供给需要在市场机制与政府调控之间取得平衡。安徽省现有金融组织体系中政策性金融的服务领域和介入深度不够，不能适应民营企业发展要求，商业性金融机构在各地区数量、功能、层次及分布不尽合理，商业性金融在服务民营经济中的主导地位未能充分发挥，农村合作金融服务三农的功能有待深度开发。且政策性金融、商业性金融和合作金融互相沟通联系不紧密，缺乏分工合作、共同发展，未能适应不同地区、阶段、形态、行业和性质的民营企业生产经营发展的金融服务需求。

（四）金融微观运行创新不足

在金融服务民营经济的具体运行机制中，适应现代民营经济发展的金融产品不够丰富；金融服务方式不具有针对性、有效性，未能保证金融资源的有效投入；且提升金融服务效率、防范金融风险的金融技术有待进一步创新。以上问题导致民营经济金融供给的有效性不足，民营经济金融服务体系创新亟待创新金融工具、金融服务方式以及金融技术。

三、政策面因素分析

（一）政府对金融支持民营经济发展的正向激励不足

超过63%的被调查民营企业认为各级政府应在改善民营经济金融服务中

进一步发挥政策激励作用。目前政府密集出台了支持民营企业融资的相关政策，但没有形成配套的考核机制和奖惩机制，金融机构支持民营经济融资的收益与风险不匹配，因而动力不足。部分惠及民企的政策实施效果不明显，且部分政策在实际操作中存在漏洞，部分支持民营中小微企业以及支农资金流向不明，因而仍有大量民营中小微企业实际上难以得到金融机构的资金扶持。

（二）政府对民营经济的扶持力度不足

安徽省部分地方政府重视国有经济的思想较为牢固，对民营经济重视不足，扶持民营经济发展的力度不足，在项目批准和用地管理方面限制较多，且对民营经济的财政支持、税收优惠力度不足。安徽省政府对民营企业推出了一系列扶持政策，但社会经济迅猛发展，市场变幻莫测，最新推出的政策可能很快就跟不上新形势下的民营经济融资诉求，而政策的更新、补充速度还不是很及时、灵活。另一方面对于相关惠及民营企业的政策法规宣传力度不足，导致政策有效性大打折扣。

（三）地方民营企业产权交易市场覆盖面不足

2004年合肥股权交易托管所成立，2009年改名为安徽省股权交易所，2014年1月更名为安徽省股权登记结算有限责任公司（简称"安登"）。为安徽省唯一一家非上市公司股权综合服务机构，服务宗旨为帮助合肥市乃至全省非上市公司规范股权的管理、交易、投融资等行为，探索中小企业融资新渠道，服务于以"合芜蚌自主创新试验区"为重心、覆盖全省的区域性股权交易市场，完善安徽省的多层次资本市场体系。

"安登"近年来发展迅速，2020年底挂牌企业超过7932家，累计为挂牌企业融资额近800亿元（包括股权融资和债权融资）。但是目前"安登"在服务民营中小企业股权融资方面发挥的作用还是有限的。2020年底，安徽省民营企业数量已达156万户，即使已有70家A股民营上市公司，296家民营企业挂牌"新三板"，以及数千家民营企业挂牌"安登"。仍然有超过155万家民营企业存在股权融资难的问题。课题组对部分民营企业调研显示，超过3成的被调查企业不了解"安登"或者不关注"安登"。近七成的被调查企业反映在股权融资时首选新三板挂牌，以期符合一定条件后申请转板到主板上市。

（四）金融创新服务民营经济的支持体系有待健全

首先，缺乏健全的专门针对民营企业服务的金融中介体系。安徽省尚未建立完全的针对民营企业贷款的担保和抵押中介体系，难以满足中小企业对贷款担保和抵押的需求。已经建立的担保机构在为民营企业提供服务时手续烦琐，环节多、收费高等问题也令民营企业不堪重负，影响了民营企业及时获得生产或周转资金。

其次，没有建立起完善的民营企业信用评估体系。金融机构对民营企业的信用评价指标体系和评价方法不健全，加上信息不对称而产生的交易摩擦导致银行信用评估成本偏高、银企合作不畅通，直接影响金融机构对民营企业贷款的发放，也导致许多事实上信用良好、违约率低的民营企业被拒绝在银行信贷体系之外。

最后，民营企业融资政策立法环境不完善。民营经济融资难不仅在于自身局限和金融体系的不完善，还在于支持民营经济发展的相关政策立法体系不健全。因此需要构建健全的民营经济融资法制支持体系。同时过去虽然安徽省不断出台了相应支持民营企业融资的政策，但是由于后期监管乏力，很多政策在具体执行落实中存在"玻璃门""弹簧门"现象，那些影响本部门利益的政策执行尤其不力，政策效果大打折扣。因此还需要加强监管，出台完善金融创新的相关监管政策。

第七章　金融创新服务安徽省民营经济发展的体系构建

金融创新本质是金融供给侧结构性改革，需要充分调研安徽省民营经济主体市场需求，建立多层次、高效率的金融服务体系，提升安徽省民营经济金融服务水平。推动金融脱虚向实，更好的服务实体经济。

金融服务体系的创新包括宏观层面的金融制度创新、金融市场创新、金融组织创新，以及微观层面的金融产品创新、金融服务创新、金融技术创新。

第一节　金融服务体系创新的宏观框架

一、金融制度的创新

（一）金融制度创新的内容

金融制度创新的内容包括宏观货币政策导向的选择、金融监管制度的优化、金融法律法规体系的完善，改革开放以来民营经济经历了起步、发展到如今的繁荣，目前已经是安徽省国民经济发展重要的组成部分。中央和各级政府一直强调激发市场主体活力，就是要调动广大民营中小微企业及个体户的活力，从而保就业、稳民生。民营经济金融服务制度创新关键在于创新民营经济的信贷制度、保险制度、直接融资制度，解决民营经济缺乏抵押物贷款难、民营企业针对性保险产品不足、直接融资困难等现实问题，并进一步完善金融法律法规体系和监管体系，保障金融合理创新，避免金融风险。浙江省自贸试验区杭州滨江区块围绕"数字金融"建设国家金融科技应用创新试验区，安徽省同样可以选择优势地区试点金融制度创新的各项大胆措施，待取得一定成效后推广至全省。

同时创新金融制度安排，引导和鼓励更多民间资本投资于环保、节能、清洁能源、清洁交通等绿色产业，发展可持续经济。并通过金融制度创新服务引导安徽省各地区形成地方优势产业，带动产业集聚，深度融入长三角一体化战略，全面带动安徽省经济腾飞。

（二）以金融市场化和金融自由化推动创新

金融制度创新的重点在于以金融市场化和金融自由化推动创新。推动资本市场自由化，扩大资本市场开放，减少对国外投资者和跨国资本流动的各类限制，允许更多国外投资者参与本国经济发展中，进一步推进资本账户开放。通过建设灵活的资本市场创新机制，进一步提高市场化金融工具的研发能力，以及持续推进人民币国际化和资本可兑换程度，从而提升金融业开放程度。

加速开放金融服务业，在当前国有、民营和外资多元化股权结构基础上，放宽境外银行、证券、保险等机构投资者的股权限制比例，引导国外机构投资者发挥对监督企业管理层、支持企业创新、完善市场定价机制、提高市场定向效率等方面的积极作用。

政府应加快完善金融相关法律法规体系，完善相关配套制度建设，推动金融开放措施落地实施，协调好资本账户开放、汇率制度改革、利率市场化以及人民币国际化推进的节奏。同时要强化宏观审慎监管，防范系统性金融风险。借力科技创新推动监管科技进一步发展，实现全方位穿透式监管，能够对跨市场、跨行业相互关联渗透的复杂业务进行数据跟踪和进一步识别复杂隐形风险。从而提升监管效率、降低金融机构合规成本，打造安全稳定的国际化金融环境。调整我国金融市场的结构性问题，深化金融改革，在金融开放的过程中保持经济平稳健康发展。

二、金融市场的创新

(一)信贷市场创新

1. 信贷市场存在的问题

由于民营经济信贷市场供给不足,近年来,安徽省民营企业及个体户数量增长速度日益加快导致金融需求增多,部分民营企业生产经营规模扩大,对资金的需求也逐步加大。随着生产规模的扩大及产业升级、产业结构调整等转变,民营企业对贷款需求的期限也更加多样化,其贷款期限整体呈现中长期化的趋势。但民营企业存在规模小、管理水平和技术水平偏低、生存发展不稳定、风险承受和管理能力弱等问题,因而贷款风险较大。而金融机构对借款人在额度、利率、期限和抵押担保方式等信贷准入条件偏紧。在现代金融管理强化风险控制、防范金融风险的情况下,民营企业存在的这些问题明显与金融机构的风控理念矛盾,从而制约银行贷款的发放,使得民营经济信贷市场的供给总量和业务结构都不能适应现实需要。

2. 信贷市场创新的目标

信贷市场创新的目标,是针对当前安徽省民营经济资金供需矛盾,构建一个充分竞争、节约交易费用、降低融资成本、保障融资效率的运行高效的信贷市场。在坚持市场化、灵活性以及以服务实体经济为本的原则下,深化信贷市场创新改革。从金融供给侧改革的角度出发,深化针对民营经济主体的信贷服务产品和服务方式创新,提高金融服务的覆盖面和可获得性,使得民营经济主体的有效信贷需求能够基本得到满足。并通过优化制度安排,降低民营企业融资交易成本、节约金融交易费用,解决民营企业融资难、融资贵的问题。并加强金融风险防控能力建设,保障金融机构贷款回收,实现金融资源良性循环利用和信贷市场创新的可持续性。

3. 信贷市场创新的内容

一是扩大民营经济主体信贷供给总规模。加强银行与民营企业之间的沟通合作机制,寻找扩大信贷规模的双方合作契合点与契合方式。引导银行等金融机构采取倾斜性信贷政策,在符合信贷要求的前提下,优先向民营企业给予信贷支持,并实施优惠利率与合理确定贷款期限等。支持民间资本进入银行业,参与或发起设立中小型银行业金融机构;鼓励成立民营金融公司、民营银行;支持信托投资公司、金融租赁公司的规范发展。

二是努力提高信贷市场供给效率。推动金融机构服务意识、服务设施、服务环境、服务方法和服务手段的创新,创新服务民营经济主体的金融产品,改进信贷服务方式,使得信贷市场准入标准、贷款期限和抵押担保方式等与民营经济主体的实际需求相匹配。

三是改善信贷市场运行环境。加强财税金融政策与信贷支持民营经济发展的协调配合,为信贷市场稳健发展提供良好的政策环境。发展融资担保的实践中做大做强政府性融资担保体系、建立健全多层次再担保体系,完善对政府性融资担保公司考核机制。实现银行与担保体系全面对接,发挥担保机构对银行信贷的增信作用,帮助民营中小企业实现信贷融资。加快保险行业的发展,建立保险公司和银行机构的联动机制,提高保险和信贷融合介入的市场效率。继续推动"信用安徽省"建设,持续完善全省中小微企业和农村征信体系建设,有效消除信贷市场的信息不对称。建立中小微企业及个体户的信贷风险补偿机制,通过政府补贴、资源倾斜、税收减免等方式,引导银行等金融机构加大对民营经济主体的信贷投放力度。

(二)保险市场创新

1. 保险市场存在的问题

目前安徽省商业保险对于民营经济主体的覆盖面不广,民营中小微企业参保率较低。从保险产品设计来看,现有保险产品不能覆盖民营企业现实情况中面临的更复杂多变的风险。其根本原因是民营企业保险供给不足,包括保险的制度供给、产品供给、服务供给均存在不足。保险服务的深度和广度有待挖掘,服务效率有待提升。

一是从保险资本供给来看,国有资本占比过大,超过51%,民营资本占比不足49%,民营资本在内的社会资本参与保险行业规模有待提升。二是从保险市场供给主体来看,综合性保险机构数量多、占比大,专业性保险机构数量少、占比小。专业性保险机构因为专业人员严重匮乏、市场上业务选择面不大，导致发展缓慢、市场渗透能力较弱，难以达到专业保险定向供给目的，满足不了市场需求。一些专业保险公司与综合性保险公司一样在市场上做相同业务，加大了市场竞争，淡化了专业保险功能。三是从保险技术层面来看，传统保险服务供给多，新型保险服务供给少，特别是涉及高精尖保险技术的保险产品和专业性强的保险产品供给少。

2. 保险市场创新的目标

保险市场创新的目标主要是深化保险供给侧改革，针对安徽省各地民营企业行业特征、规模大小、成长阶段以及当前的市场环境、国际形势等，分析新形势下民营企业面临的主要风险。针对性增加保险产品供给，扩大保险产品覆盖面，降低保险费率，完善保险服务体系和业务支持政策，完善保险市场竞争规则和退出机制。同时协调保险机构的资金再投资时向民营企业融资倾斜，带动整个社会经济发展，也能够为保险业的发展厚植根基。

3. 保险市场创新的内容

（1）创新保险市场体制机制

鼓励民间资本进入保险业。在完善负面清单管理、加强监管的前提下。依法合规支持符合条件的国有资本、民营资本和境外资本投资保险公司，激发市场主体竞争和创新活力。鼓励资本多元化和股权多元化，推进保险公司混合所有制改革。

（2）创新保险市场服务机制

首先，创新保险产品供给。鼓励保险公司开发针对民营企业风险的普惠保险产品，在传统财产险、意外灾害险的基础上，开展新兴企业技术创新保险试点。针对当前民营企业主要面临的市场风险、政策风险、人员安全风险、专利风险和新材料、新技术运用风险等新型风险，推出例如责任保险、专利保险、项目投资损失保险及小额贷款保证保险等。其次，降低保险费率，提高保险理赔效率。落实中央针对民营企业减税降费的减负精神，降低保险费率。简化保险理赔流程，缩短理赔时间，保障民营企业理赔资金快速到位以便顺利恢复生产。

三、金融组织的创新

（一）金融组织的现状及问题

近年来，国家和地方政府愈发重视金融供给侧改革，金融业取得了快速发展，金融组织体系也日趋完善。但相对于民营经济主体多元化的金融需求，目前的金融组织体系依然存在着功能性、结构性等方面的缺陷，导致金融服务民营经济主体的供给总体不足。

在金融组织的功能性缺陷方面，主要表现为银行、非银行金融机构的功能定位与相互协调存在偏差。一是商业银行经营理念以追求盈利为主，业务的开展建立在成本效益分析的基础上，民营中小企业规模小、盈利不稳定、资信情况难以通过市场了解，商业性金融机构考虑向民营企业放贷信用评估成本较高、违约风险较大，因而倾向于向大中型企业放贷。二是国有专业银行缺乏向民营企业放贷的意愿。国有银行与国有经济处于统一体制内，国有企业的预算软约束决定了国有金融体系将时刻准备满足国有企业的金融需要。而民营经济是市场经济发展的结果，属于体制外的经济，自然难以得到体制内的金融支持。三是非银行金融机构资金，主要包括公募基金、私募基金、信托、证券、保险、融资租赁等机构以及财务公司等。其资金往往流向市场投资收益率较高的股市以及房地产中，对于民营中小企业的支持力度不足。民间小额信贷公司等从事民间借贷的机构资金规模有限，提供的资金成本过高，不能满足民营企业的资金需求。

在金融组织的结构性缺陷方面，主要表现为正规金融机构与非正规金融机构发展不平衡、各类大型金融机构与中小金融机构发展不平衡、银行业金融机构与非银行业金融机构发展不平衡、金融机构在安徽省各地区的分布不均衡。

（二）金融组织创新的目标

目前迫切需要创新构建一个功能完备、结构合理、协调运作、适合民营经济主体发展需要的金融组织体系。创新金融组织体系重点要明确银行及非银行金融机构在整个金融体系中的地位、职能和相互关系。

针对目前金融组织体系在解决民营经济主体多元化融资需求中存在的不足，有必要健全多层次、广覆盖、有差异的银行体系。鼓励商业银行、地方法人银行向各市各县延伸网点，协调银行等金融机构在安徽省各地区实现数量、功能、层次等合理分布，增强金融业服务区域经济特别是区域小微企业的能力。推动互联网金融规范发展，健全保险市场体系。坚持改革驱动，鼓励新增非银行类金融机构，完善中小金融组织体系。构造以商业金融为主导、政策性金融为保障，非正规金融为补充的创新金融组织体系。

（三）金融组织创新的内容

1. 以商业金融为主导

充分发挥商业性金融在服务民营经济中的主导地位，适当降低金融市场准入门槛，培育和丰富商业金融供给主体，支持民间资本进入银行业，参与或发起设立中小型银行业金融机构。优化商业金融机构网点布局，协调商业银行在安徽省各地区实现数量、功能、层次等合理分布。同时打破区域性、阶段性垄断格局，完善金融市场竞争结构和竞争机制，促进商业金融体系具备充分的发展活力。引导商业金融机构切实发挥市场化优势，鼓励其在做好成本控制和风险防控的基础上，创新业务和服务模式，精准服务民营中小微企业和"三农"领域。

2. 以政策性金融为保障

政策性金融作为政府强制性金融制度安排，发挥着其他金融组织不可替代的引领作用。推动政策性金融组织创新发展服务民营经济过程中，应当服从于政府大的经济发展方针策略的，在当前"六稳六保"的政治要求下，坚持保居民就业、保基本民生、保市场主体，支持民营经济发展。尤其是商业金融无法解决的部分领域，比如涉及国家科技发展、医疗发展的重点高投入、高风险行业，以及关系民生的环保卫生、基础设施等低收益的行业，政策性金融机构提供的政策性贷款和专业化服务是强有力的保障。

3. 以非正规金融为补充

非正规金融是商业金融和政策性金融的有利补充，非正规金融手续简单、贷款周期短、到账快，对贷款人的财务状况、信用水平要求不高，往往是很多急需周转资金的民营中小微企业首选。非正规金融机构的创新在于首先实现机构合法化、规范化运营；鼓励新增正规的小贷公司、典当行等非正规金融机构；创新金融产品，与专业的信用评估机构、金融中介机构合作，将资金提供给真正有需要、有发展潜力的民营企业，从而降低违约风险。在风险得到控制的同时适当降低贷款利率，进一步降低民营企业贷款成本，减轻民营企业负担，增强民营企业盈利能力和还贷能力。

第二节　金融服务体系创新的微观框架

一、金融产品的创新

（一）信贷产品创新

银行要针对民营中小企业和民营科技型企业的特点，积极开展应收账款、动产、知识产权、股权等抵质押贷款、投资联动等创新金融产品，支持金融机构积极开发绿色金融产品。努力创新民营企业贷款方式，对现金流稳定、建设周期长等的项目建设，适当放宽贷款期限条件，灵活采取循环贷款、分段式、年审制等多种还款方式。要根据民营企业所处不同行业特点，制定实施特定的产业信贷政策，开发与行业特性相适应的信贷产品。建立适合民营企业发展的授信审批、信用评级、客户准入和利率定价等，以更好对民营企业提供差异化的信贷支持。

1. 知识产权质押贷款

知识产权质押是指以合法拥有的专利权、商标权、著作权中的财产权，经评估后向银行申请融资。一是借助外部评估机构力量。由于知识产权涉及行业多，而每个行业的知识产权均需要通过多个程序来进行正确评估，单纯依靠商业银行，很难做到准确评估。为了更准确评估知识产权价值，不仅需要资产评估机构单方面力量，更应和相应咨询机构联合起来共同创新知识产权评估体系。二是实时监控知识产权变化。知识产权的价值不仅受市场变化影响，同样受质押知识产权转换的影响，商业银行只有实时监控质押知识产权，方可规避风险。三是重视引进专业人才。商业银行除了加强与外部相关机构的合作外，更应注重专业人才的引进。知识产权质押融资模式不仅对技术有要求，更需要进一步完善其运作模式，只有引进专业人才，才可避免在选择项目或可质押知识产权的问题上出现失误，从而影响知识产权质押模式的实施。

知识产权质押贷款目前的模式主要为政府指导式模式、政府鼓励市场化模式、政府出资承担风险模式和政府补贴融资成本的模式。然而，知识产权预期收益具有不确定性，容易受到外部环境影响而产生大幅波动，未来的无法预知性增加了商业银行知识产权质押融资的成本。知识产权质押融资模式在我国尚处于探索式发展阶段，具有不稳定性、不成熟性，再加上市场本身的缺憾性，会产生不可预料的结果与风险。所以，在进行知识产权质押金融产品创新时不仅要依靠市场手段，更要政府积极引导，加强管理和监督。

总的来说，要将知识产权进行甄别与分类，针对不同类别的知识产权探索不同模式，前期由政府引导逐步向市场化靠拢，最终实现健康、成熟、稳定的知识产权质押融资模式。

2. 应收账款质押贷款

推动金融机构设立"应收账款融资服务平台"，设计应收账款质押贷款，以企业合法拥有的应收账款收款权向银行作为还款保证。作为新型权利质押方式，其有利于盘活企业应收账款资源，拓宽缺乏抵押物的企业融资渠道。各地政府应强化政策引导和宣传推介，提高全社会对动产担保融资的认识度，拓宽市场主体利用内源资产融资的道路。推动商业银行为主的金融机构拓展应收账款质押业务，加大对应收账款融资服务平台的宣传推广和运用，发动企业通过平台发布贷款需求，金融机构第一时间为企业办理质押登记等相关手续，并及时发放贷款，解决企业资金缺口，惠及广大民营中小企业。

3. 大数据技术综合授信的无抵押信贷产品创新

针对民营中小微企业缺乏担保抵押物的痛点，以大数据技术为基础，在原有客户基础上，通过白名单准入，为客户提供无担保、无抵押物的信用贷款业务。同时创新与互联网平台、金融中介机构合作，并与工商、税务、社保、海关、司法、房管、电力、水力、环保等数据信息方实现信息共享，构建小微企业信息共享平台，全面归集中小微企业经营、财务、纳税及信用等信息。将当前"银税互动"模式下部分银行已推出的"税贷通""关税e贷"等信贷产品不断完善并推广。尝试推出如针对环保型企业的"环保贷"、基于企业日常用电信息的"云电贷"、基于企业日常银行流水及销售数据的"销售贷""流水贷"等信贷产品。亦可以推出"商户贷""用工贷""社保贷"等信贷产品。探索将科技型小微企业的高管、研发等关键岗位人才信息作为授信评审要素，联动科技主管部门、科技融资担保机构、科技金融服务中介机构，全面分析、研判、评估企业核心技术、创新能力、发展潜力和潜在风险，针对性开发信贷产品。

此类贷款本质是信用贷款，重点在于通过大数据等技术综合企业的历史结算流水、资产及纳税信息等多方面因素评估企业信用水平，从而为符合条件的企业推出经营快贷。并通过一定的计算模型自动核算客户贷款额度，客户无须提供担保或抵押物，有利于解决中小企业贷款难、科技型中小企业无抵押物的困境。

4. 针对区域特色产业创新信贷产品

依托地区特色产业和发展导向，创新特色信贷产品。如光大银行普惠金融"信贷工厂"紧跟安徽省产业布局，制定行业清单，目前已对信息系统集成、生物制药等战略性新兴产业进行深入研究，梳理小微客户千余户，精准提供融资支持。

未来安徽省各市、县（区）金融机构可以紧密联系区域产业布局，创新信贷产品。针对区域代表性产业，如安徽省合肥的电子信息、智能家电、新能源汽车、生物医药及公共安全等产业；芜湖电子电器、新型建材、生物制药、汽车四大支柱产业；滁州代表性的智能家电产业、滁菊种植加工产业；池州装备制造业；砀山水果产业等。推动金融机构联合起来为产业链上下游的中小微企业、个体户等设计针对性信贷产品，从而保障符合条件的中小微企业及时获得融资支持；并制定较为全面的行业清单，筛选出行业负面清单，降低金融机构风险。从而以区域产业发展带动区域经济发展，优化安徽省产业结构。

（二）保险产品创新

民营企业特别是中小微企业，有的是运用先进的技术、新材料、新工艺的创业实体，有的是近几年出现的经济新业态，且不同企业发展阶段不同、行业不同，其面临的风险因素各不相同，也区别于传统产业、传统企业。因此需要创新保险产品，针对不同企业新技术、新材料的应用风险，专利风险、商业机密泄露风险、人员安全风险、市场风险、融资风险、政策风险等，提供量身定制的个性化保险产品。增加"订单式""订制式""合同式"保险产品供给。推出例如责任保险、商业机密险、专利保险、项目投资损失保险及小额贷款保证保险等。

在日益复杂严峻的国际形势下，为民营外贸企业量身定制"订单险""战争险""灾难险""汇率险""进出口货运险""鸳鸯船舶险""航空险""出口信用险""出口产品责任险"等保险产品，防范可能遭遇的客户违约撤单、客户所处国家爆发战争及巨大自然灾害的风险，以及汇率巨幅波动的风险等，为民营外贸企业保驾护航。为参与"一带一路"建设的民营企业提供涵盖交通、能源、电信等全部重大基础设施建设的风险保障与服务，并提供"政治风险保险""员工绑架险""环境污染责任保险"。为民营企业海外并购提供"并购保证保险""反向分手费保险"。同时可推动绿色保险产品创新。响应"双碳"战略，创新提供多类型风险保障产品，通过"保险+科技+服务"打造绿色保险发展新路径。

（三）担保产品创新

针对民营企业普遍缺乏有效担保的现状，加快民营企业担保产品创新步伐。

首先，完善政策性担保业务体系，大力推进全省政府性融资担保机构深入开展政银担业务。省担保集团积极组建安徽省普惠融资担保公司，专注开展政策性普惠担保业务。面向全省小微企业提供批量直接融资担保业务，大力推进"园区贷"业务，由普惠担保公司、银行、园区管委会三方共担共管风险，园区管委会建立风险资金池，筛选优质企业建立"白名单"，普惠担保公司实行"见贷即保"提供批量担保，各地政府性融资担保机构应考虑中小企业缺乏抵押物的难题，推出"小微担""农信担"等纯信用担保贷款，担保公司与合作银行均不设置资产抵质押门槛，破解小微企业、三农经营主体融资难题。

其次，创新担保产品。创新发展企业联合担保基金池的模式，进行联合担保。开展以订单、企业未来收益、企业知识产权为担保的"订单保""收益保"等融资担保创新形式；由安徽省再担保集团联合担保公司、银行，推出"再担保税金贷"，依据企业纳税信息，结合工商、征信、诉讼等信息，核定企业信用资质并提供授信。帮助小微企业从合作银行获得引用贷款，担保公司提供连带责任保证，省再担保集团为担保公司提供比例风险再担保，并在此模式上开发出一系列相关创新担保产品。例如针对"专精特新"中小企业融资难题，推出创新融资担保产品"专精特新贷"，通过"政银担"模式，引导金融资源向"专精特新"中小企业聚集；借助产业链上核心企业的经济实力和信用能力作为增信基础，创新研发"民营企业申请贷款+担保公司担保+产业链核心企业担保"的产业链融资担保产品；围绕供应链上下游企业商业票据市场情况，创新"供应链票据+担保"业务模式，为小微企业商票贴现提供担保，促进供应链平台、银行与担保的业务融合，缓解中小企业周转资金缺口。

二、金融服务方式的创新

近年来，网商银行以网络技术、数据技术为基础，探索普惠金融新模式，为大量基层创业者和消费者提供了金融服务，也为资金流转提供了快捷服务。连连银通电子支付公司搭建以移动支付、跨境支付、智能支付、金融技术服务为业务核心支付平台，为企业提供专业的定制化支付解决方案，特别是跨境支付业务规模居国内领先，移动支付交易量年复合增长率达139%。通过为跨境电商发展提供资金结算高质量服务，支持跨境电商快速发展，支付企业也得到可持续发展。

未来，各金融机构都将积极致力于创新金融服务模式、优化金融服务流程，为客户提供更好的金融服务。

（一）积极推动供应链金融的创新应用

表7-1 供应链金融在部分银行的应用

银行	内容概要
浙商银行	浙商银行运用区块链技术，搭建应收款链平台，围绕特定生产经营场景开发"银租通""分销通""仓单通""H+h+m"专项授信供应链金融服务模式，为企业激活应收账款提供了渠道，满足了中小企业融资服务需求。应用区块链技术，浙商银行已与2500多家核心企业开展合作，为1.7万家上下游中小微企业融资超2500亿元。
民生银行	完善场景化供应链产品服务体系，助力复工复产，创新以"信融E"为代表的全流程线上化产品。
齐商银行	创新研发"齐银e链"智慧供应链体系，将金融服务嵌入场景，为不同行业、不同规模、不同类型的中小微企业提供差异化、智能化、数据化的综合金融服务。

2020年以来，供应链金融成为各家银行金融产品创新发力的重点。2021年政府工作报告首次单独强调"创新供应链金融服务模式"，意味着供应链金融成为国家层面金融创新的重要战略。为推动供应链金融的创新应用，切实提升中小微企业融资质效，应当做到：

首先是银行等金融机构运用金融科技手段，从供应链产业链整体出发，整合产业链上下游企业物流、资金流、信息流等信息，通过掌握核心企业的财务状况、资金实力、信用状况等信息，将各企业孤立分散的个体信用转化为整体信用进行信用评估，实现上下游中小企业增信机制。依托产业链的核心企业，为产业链的各个企业科学设计个性化、专业化的金融产品和金融服务，从而对供应链各个环节的融资需求提供系统性解决方案。例如从供应链产、供、销、存等各环节设计推出"货速融""票速融""账速通"等有关存货、商业票据、应收账款的融资信贷产品。并不断升级技术及产品服务能力，构建智慧供应链金融生态圈，将金融服务嵌入场景，为不同行业、不同规模、不同类型的中小微企业提供差异化、智能化、数据化的综合金融服务。

其次是，推动各金融机构联动工商、税务有关部门联合打造供应链金融服务平台，解决供应链金融产业链条长、跨区域业务众多、银企信息不对称、异地授信交叉、多层信用难以穿透等拱形难题。推动各金融机构打造供应链票据平台，利用大数据风控做好信用评价和授信，为全体中小微企业提供商票融资服务；应用区块链技术打造物联网动产质押融资平台，运用区块链技术确保供应链上的交易信息真实、可追溯和不可篡改，通过物联网技术将主管信用转化为客观信用，对抵质押物进行有效监管。

最后是利用大数据、云计算、区块链、物联网等新技术等金融科技打造自动化风控模型，真正做到中小微企业申请贷款时的实时授信、全自动化审批，构建供应链中占主导地位的核心企业与上下游企业一体化的金融供给体系和风险评估体系。

（二）积极推动"互联网金融"的创新应用

1. 创新应用"互联网金融"的理论支持及现实意义

互联网金融供给的本质特征与民营经济主体金融需求的本质特征高度契合，有着供求互受的内在驱动机制和许多理论基础做支撑。

一是交易成本理论。目前，民营经济主体融资困境的根本原因就是金融交易行为达成的成本过高，导致金融机构"恐贷、惜贷"，借款人有效融资需求得不到满足。互联网金融是新条件下有效降低交易成本、提高金融产品和服务效率的一种金融制度形态，通过大数据、云技术、区块链等互联网新技术，可以大大降低金融交易的搜寻成本和匹配成本，有利于促进民营经济主体融资困境的缓解。

二是信息经济学理论。传统的金融服务模式下，民营小微企业刚刚起步，经营财务信息不透明，金融机构精准识别借款人资信状况存在信息障碍，造成金融交易达成困难。基于大数据技术的互联网金融在信息传递、甄别、处理等方面具有快速、准确、便捷等优势，能够充分挖掘信息价值，将信息流、物流和资金高效地链接在一起，增强信息的透明度，缓解信息不对称，降低融资对抵押担保条件的要求，提高金融服务和交易的效率，为民营经济主体拓宽融资渠道另辟了蹊径。

三是长尾理论。互联网金融凭借低门槛、个性化服务和良好的用户体验等优势，能够充分发挥"长尾"的强大内生力量，更好地提供低成本、广覆盖、高效率的金融服务，促进金融普惠，增强对民营经济主体的金融支持力度。

四是麦克米伦缺口理论。该理论创始人（MacmillanCap）认为，中小企业饥渴程度相对较高，而金融机构又不完全按照中小企业的要求为其提供融资，由此导致的资金缺口就是"麦克米伦缺口"。互联网金融作为传统金融的有益补充，在日新月异的商业模式变革中具有广泛的普惠性，可以在一定程度上弥补民营经济主体"麦克米伦缺口"。

五是平台经济学理论。平台经济学（PlatformEconomics）强调市场结构的作用，利用网络平台可以丰富和拓展多边交易市场，进而对降低交易费用、提高市场效率有促进作用。互联网金融基于平台经济学理论，借助新一代互联网技术，可以迅速激发多边市场，创造无限的增值空间。这种多边网络平台效应，能够将网络众筹模式引入民营经济主体的产品销售、产业项目股权投资、债权投资等应用领域，将低成本、碎片化资金整合起来，为满足民营经济主体金融需求提供无限可能。

2. 创新应用互联网金融模式的应用类型

互联网金融具有准入门槛低、成本低效益高、渗透力强、用户覆盖面广等特征。在民营中小微企业和三农领域普惠金融中的应用越来越广。积极借助互联网金融缩小民营中小微企业"麦克米伦缺口"大有可为。但前提是在尊重金融规律的基础上用数据和技术驱动金融化服务，任何金融创新产品都要保证在法律监管的警戒线安全运行。

（1）互联网金融业务创新

一是商业银行等传统金融与互联网金融的融合与创新。推动商业银行核心业务创新，开发适合互联网用户诉求的金融产品，如线上小额信贷等。加强商业银行中间业务创新，加大对基金和保险领域的产品开发力度。并且在创新过程中要做好新的金融风险防范工作。

二是创新专业的投资众筹平台,通过平台严格审核的民营企业融资项目可以阐述自身项目优势,吸引广大社会公众投资者进行股权投资或者债权投资,并由平台专业工作人员负责资金后续使用和利润分配等事项。

三是创新P2P保险,鼓励发展分享经济。发挥互联网渠道作用,降低保险企业营销成本;同时运用技术手段降低保险企业管理和风控成本;并打造标准化保险产品实现线上购买、理赔,降低中介费用;通过数据分析对不同用户设定风险等级,从而收取合理的价格,以优质服务、较低的保费价格吸引更多的用户,争取大力覆盖长尾用户。并尽可能提供全面的保险产品,尤其是财产险、房屋险、灾害险、专利险、员工险等,使得民营小微企业及个体户能够以较小的支出获得更全面的保险服务。

(2)互联网金融监管创新

创新互联网金融穿透式监管模式,通过金融产品的外在表象透视其金融业务和行为的内在本质,从而对金融市场中的主体业务和行为进行有针对性监管的金融监管模式。

首先,在政府监管、行业自律、企业内控的基础上,强调利用社会监管资源,构建"四位一体"的金融风险防控体系。充分调动社会力量参与互联网金融风险治理的积极性:一是推动互联网金融风险评级市场化;二是鼓励社会群众参与金融监管,积极举报违规互联网金融平台;三是加强投资者金融风险教育,尽量保护投资者利益。

其次是要求在互联网金融产品从形成到结束的所有核心环节(即事前、事中、事后)持续信息披露。监管部门穿透认识不同互联网金融平台的业务本质及底层资产,及时发现信息披露造假行为并严厉打击。

再次是将人工智能技术与金融风险防范相结合,建立金融风险智能预警与防控系统并实现广泛覆盖,从而有力防范整个金融市场的系统性风险。

然后是构建互联网金融征信体系,包括设立专业化的互联网金融征信机构;制定金融数据标准,实现信用信息互通;并强调金融消费者信息保护,并严格执行征信监管,防止数据垄断。

最后是以穿透式监管理念为指导，针对不同的互联网金融业务模式，分析其潜在风险、风险特性、风险程度和风险成因方面的差别，制定差异化的金融风险防范策略，并定制专属法律法规进行规范。

（三）PPP模式

PPP模式（Public-Private-Partnership的首字母缩写），中文直译为"公私合伙制"。是政府公共部门（或国有机构）与私营机构为了合作建设投资项目以提供某种公共物品或公共服务，以特许权协议为基础，形成的一种伙伴式的合作模式。合作过程中利益共享、风险共担，并签署合同来明确权利和义务。在新型城镇化建设过程中，PPP模式是很好的投融资体制创新和金融创新，同时也为社会资本带来了参与政府基础设施和公共服务项目建设的机会。

对于目前PPP模式中民营资本参与度低，中标项目规模普遍较小的状况，可以引导民营企业组建民营联合体，或者设立PPP基金将分散的民营资本集中起来，以联合的方式参与投资规模较大的项目。同时，对于规模较大、周期长、技术要求高的PPP项目，民企与国企可以合作参与，实现优势互补。大型国有企业向银行借款等融资手段实行中较为便利，且一般具有过硬的技术和专业建设能力，但行业内优秀的民营企业也可以发挥其管理、运营以及创新方面的优势，双方协同合作，能更大程度提升PPP项目价值。

安徽省在金融创新过程中要更好地运用PPP模式，使其运用于交通运输、生态建设、环境保护、旅游、水利建设、医疗卫生、教育、养老等各行各业中。尤其是对于运营能力要求较高的社会保障、养老、旅游等领域的PPP项目，民营企业的管理和运营优势可以得到充分发挥，应继续扩大民营资本参与度，提高供给的效率和有效性。同时可以创新发展绿色PPP，在环保、节能、清洁能源、绿色交通、绿色建筑等领域，政府和社会资本共同合作成立SPV公司，负责项目投融资和运营管理，依靠引进的社会资本实现更优的资源配置，推动公共物品"绿色供给"和体质增速。

最后，提高民营资本参与PPP模式的积极性要做到：一、强化PPP立法，保障社会资本方的利益。制定并完善PPP实施细则，构建全面的PPP制度体系，对PPP项目中回报机制、合作范围、运作方式、物有所值评价做出明确规定。并对PPP项目中从立项、招投标、融资、运营等阶段做好系统规定。同时，建立争议调解机制，强调违约行为的处罚。二、规范PPP项目招投标制度。在PPP项目招投标过程中保持公平公正原则，给民营企业公平的竞争机会，选择具有基础设施和公共服务行业经验的优秀民营企业。最后，政府要有契约精神，PPP合作过程中政府带头保证利益共享，风险共担，避免风险过度转嫁和政策随意变更等问题。三、加大对民营企业的金融支持和税收优惠力度。PPP项目资金投入大、项目周期长，无形中增加了民营资本介入的难度。因此要完善金融支持政策，比如增加创新型融资工具，推动金融机构创新金融产品，推进PPP资产证券化等拓宽民营企业融资渠道，解决资金难题。同时要优化税收政策，扩大行业、主体优惠范围，制定包括融资、投资、运营等环节在内的多环节优惠政策。金融支持与税收优惠政策的协调配合，有助于更好发挥政策支持效应。

三、金融技术的创新

金融机构针对民营经济信贷业务创新应用先进的金融技术，努力为民营经济主体提供更为安全、便捷、高效的金融服务，重点解决"贷给谁、贷多少、如何贷"的现实问题。

（一）以科技手段革新银行服务中小企业的专业能力

表7-2　2020年6大行金融科技应用进展

银行名称	金融科技创新应用进展		开放银行应用进展	
	主要技术	主要应用领域	整体布局	具体举措
工行	大数据、人工智能、云计算、区块链、5G、物联网、生物识别、分布式账本、多方安全计算	风控、产业金融、供应链金融、支付、跨境结算、移动金融	2018年上半年，工行API开放平台对外投入运营	扩大API接口服务输出领域：至2020年12月左右，实现了支付、安全认证等九大类1800余个API接口服务的输出

续表

银行名称	金融科技创新应用进展		开放银行应用进展	
	主要技术	主要应用领域	整体布局	具体举措
农行	大数据、人工智能、区块链、生物识别、智能合约	中小微企业融资、风控、商户管理	2020年1月，上线开放银行平台，全面启动对外服务	C端推进场景服务：通过掌银、微银行推出医疗问诊、社区管理、农产品销售、购物、看房等场景服务；B端强化服务输出：完成快e宝（货币基金）、数字钱包、私行客户服务预约、企业预约开户、缴费等产品接口的标准化改造与发布
中行	大数据、人工智能、云计算、区块链	产业金融、数字化核验	2013年，发布中银开放平台	推进场景服务：在手机银行、微信银行开设防疫专区，提供疫情追踪、寻医问药等多项便民居家服务；加快推进跨境、教育、运动、银发场景生态建设
建行	大数据、人工智能、区块链、5G、生物识别、分布式身份认证	风控、供应链金融、支付、移动金融	2018年8月，上线开放银行管理平台	推出全球撮合家，是服务跨境交易体系场景中的对公客户的开放式平台；全面推进场景服务：C端布局消费场景，提升网络化获客；发力车主出行场景，构建生态圈；推出抗疫服务专区，提供在线问诊等场景化服务；G端建设善行宗教、安心养老、建融慧学、建融智医、党群服务、智慧政法等平台场景建设；普惠金融方面上线"智慧工商联"服务平台，提供融资等场景化服务
交行	大数据、人工智能、多方安全计算、TEE	中小微企业融资、移动金融、隐私保护	——	扩大手机银行场景布设：创新手机银行小程序，向第三方合作商户提供标准API，将商户自有平台和场景快捷引入手机银行

续表

银行名称	金融科技创新应用进展		开放银行应用进展	
	主要技术	主要应用领域	整体布局	具体举措
邮储银行	大数据、人工智能	风控、风险管理	——	完善银企直连标准API，为大众型客户及平台类企业提供个性化开放银行服务；借助开放式缴费平台，与微信、支付宝、银联等渠道互联互通，丰富个人缴费场景、开拓对公缴费市场

2020年的70个创新应用中，6大行参与申请的创新应用共23个。工行的金融科技创新参与度相较之下位居6大行之首。随着服务线上化，银行服务愈发需要融入线上生态，在开放银行布局方面，工、农、中、建已经搭建了全行的开放银行平台，最晚的农行2020年搭建完成。

同时，近几年中国数字金融的高速发展对世界普惠金融亦做出了贡献。数字金融有利于降低投资门槛，使更多的百姓通过各种网络投资基金进行理财、投资，更多的闲置资金被集中起来。另一方面，大数据风控创造性利用"数字足迹"做信用评估，许多缺乏财务数据、缺乏抵押资产的小微企业和个体户在得到较高的信用评价后，能快速获得贷款。目前微众、网商、新网等几家网络银行平台很好地利用了大数据信用分析，年发放贷款超1000万笔，且不良贷款率均得到了有效控制，最高的才1.5%。

富国银行重视网银、手机银行等新兴服务渠道的建设，并建立专门面向中小企业的服务网站，推出"创业-经营-扩张-商业计划-信贷"的服务链条。建立内部数据库，对长期积累的中小企业客户信息进行大数据分析，为精准有效的授信政策提供支持。

未来银行必将继续以科技手段革新服务中小企业的专业能力：

一是大力发展数字金融，利用数字技术为金融问题提供解决方案。在强化金融监管全覆盖的前提下，设置行业准入门槛、规定业务规范模式，以数字技术不断完善信用评估体系和风控体系，强化网络贷款的安全性，增强金融稳定性。在环境成熟时发展智能投顾等新型业务形态。

二是推动商业银行对第三方支付服务商开放用户账户信息权限，提供全部必要的API（应用程序接口）权限。接入政府平台、产业互联网、供应链金融、平台经济等各类场景生态。利用信息技术、人与系统的配合，不断优化中小企业融资的业务开发与风险防控。

三是重视网银、手机银行等新兴服务渠道的建设，为中小微企业量身打造开放式普惠金融线上平台。以线上融资服务为核心，为中小微企业打造集云融资、云注册、云开户、云代账、云支付、云财富等功能一体的多元化"金融+非金融"线上智能综合化服务平台。整合社会资源，提供覆盖企业全生命周期的"金融服务+企业经营服务"。

（二）解决"贷给谁、贷多少、如何贷"的现实问题

目前，商业银行在信贷业务方面逐渐形成了依靠业务团队的深耕模式、"信贷工厂"模式和基于大数据的数字金融模式。

表7-3 部分银行创新型信贷模式介绍

信贷业务模式	代表银行	模式简介
依靠业务团队的深耕模式	泰隆银行、台州银行、民泰银行	依靠服务网络下沉和充足的客户经理资源 放贷前："人海战术+熟人网络"深入了解小微企业、密切关注其经营动态 放贷过程：基于丰富信息和业务经验进行评估和决策 放贷后：专属客户经理负责后续管理
"信贷工厂"模式	民生银行	构建专业化的组织架构，形成较为完整的流程体系、相对独立的业务考核单元以及模式化、标准化的审批流程，提高贷款效率，同时对小微企业实现精准风控和差异定价
大数据模式	浙商银行、网商银行、新网银行	依靠现有大数据和客户源，实现数据采集、拓客、信用评价、放款和汇款流程全自动化

银行创新信贷业务，既要有效支持民营经济发展方面，同时要保障自身风险与收益的匹配，这就意味着银行需要利用信贷技术创新，解决"贷给谁、贷多少、如何贷"的现实问题。同时银行迫切需要实现对小微企业的自主浮动定价来对风险进行补偿。

1. 解决"贷给谁"的问题

强调征信技术创新，通过将民营经济主体全面纳入信用体系，健全相

应电子信用档案,扩大金融信用信息基础数据库的信息采集和使用范围,推动金融机构信用信息共享。具体包括科学设计有效的信用评价指标体系,建立完善的信用评级标准和信用积分制度。通过征信技术的改进,提高风险识别能力和水平,为有效筛选客户、更大限度满足民营经济主体有效信贷提供支撑。规范对民营企业各项总结评估,通过评估互认等措施,降低民营企业融资评估性费用。

2. 解决"贷多少"的问题

在信贷决策技术创新上,民营中小型企业、民营高新技术企业由于自身属性,缺乏足够的土地和厂房等有形资产作为抵押物,但其专利、技术等知识产权是这些企业的重要无形资产。因此,银行信用评估机制需要及时革新,创新评价民营企业抵押物价值,来应对市场的需求,解决民营中小型企业、民营高新技术企业自身发展难题。

3. 解决"如何贷"的问题

在信贷定价技术创新上,在现有差别化利率定价模型基础上,进一步完善,综合多种影响因子,合理调整影响因子权重,更为精准地确定不同民营经济主体贷款的利率水平,对符合条件的民营经济主体贷款差别化利率优惠。

采取有效措施引导和督促银行等金融机构通过改进内部信贷流程、完善定价机制、创新业务模式和资金管理水平,以及财政补贴、风险补偿等,努力降低民营中小企业和民营科技型企业贷款利率。

第三节 加大特色金融创新力度

一、产业金融创新

产业金融是指金融体系促进产业发展并为其提供资金支持的金融活动总称。产业金融是连接实体产业与金融体系的桥梁,在国家政策引导及市场运行规则中，产业金融活动能带动特定产业发展，亦能引导宏观经济的发展方向。2020年初疫情发生以来，部分地区为促进受疫情影响较大的民企、有竞争优势的民企快速恢复生产，以及支持优势产业和产业集群发展，针对性发放了民企专项信贷，实现了产业金融对民营经济发展的引领和带动作用。

安徽省正值大力发展新一代信息技术、新能源汽车和智能网联汽车产业、数字创意产业、高端装备制造产业、新能源和节能环保产业、绿色食品产业、生命健康产业、智能家电产业、新材料产业和人工智能产业等"十大新兴产业"之机。加大产业金融创新，带动新兴产业民企快速发展，是巩固安徽省制造业竞争优势、加快发展现代产业体系的迫切需要。

大力推动产业金融创新，优化民营企业空间布局，促进民营经济转型升级，要做到以下几点：

一是优化产业金融组织形式。资本化是产业金融的重要趋势，资本的集聚催生了金融控股公司、金融平台和金融中心等市场主体，同时创新设立各项产业基金，从而建立健全产业金融组织体系。

二是变革传统金融服务模式。改变直接面向单点客户的点对点服务模式，在产业链金融基础上，打造以产业为核心、以平台为拓展的产融生态圈模式，依托产业变革引发的科学技术与现代产业之间的有效融合，促进制造业转型升级。在此过程中，针对民营中小企业面临的产品在设计、研发、生产制造等环节的资金缺口，依托产业发展前景和产业链、供应链金融，创新金融产品和服务，为相关民企提供有效性、多元性和系统性的资金支持。

三是产业金融积极助推战略性新兴产业发展。设立开发区发展省级股权投资基金，为相关产业园区提供专项资金支持；支持各类金融机构加大对特色产业园的投入；支持特色民企上市融资，设立专项资金奖励产业园区内IPO、新三板及省股权交易所挂牌融资的民企。

四是要大力发展科技金融，加强科技产业和金融产业合作，利用金融促进科技型中小企业发展。积极探索"区块链+金融"深度融合的创新模式，充分发挥区块链优势解决金融机构信用评价难题，使符合条件的中小微企业都能获得资金支持。

五是依托产业发展，发展金融新业态。例如依托港口物流，发展船舶、集装箱租赁业。

六是促进产融结合。支持有条件的大型企业设立财务公司，推动金融机构和制造业企业发起设立金融租赁公司，鼓励符合条件的民营企业发起设立民营银行，努力实现产融一体化，以及通过与金融业合作，促进民营企业自身发展。

二、绿色金融创新

绿色金融对加强生态环境保护、推进绿色循环低碳发展具有重要作用。积极推进绿色金融创新，有助于民营企业技术改造升级、产品结构调整和产业升级，对国民经济健康可持续发展有良好的引导作用。

（一）加快绿色金融标准建立

加快绿色金融标准建立，促进绿色金融法治化、标准化。加快构建"国内统一、国际接轨"的绿色金融标准体系，完善绿色金融统计制度，规范市场主体环境信息披露，保障环境执法信息的采集。

（二）加强绿色金融政策协同

健全绿色金融顶层设计，完善基础性制度保障。绿色金融体系涉及面较广，金融端涉及银行、保险、证券、基金等金融机构，绿色端涉及发展改革、自然资源、农业、生态环境、住建、工信等部门。有必要完善部门间沟通协调机制，加强分工合作、细化考核与评估，做好绿色产业政策的制定、实施，提高绿色金融政策的效果和效率。

（三）加大绿色金融工具、绿色金融服务组织创新

1. 要建立创新的金融理念

将绿色金融理念融入银行等金融机构的日常投资活动中，并形成行为准则，对于国家重点控制的有重大环境威胁的行业制定专门授信指标，实

行授信政策差异化管理，对具有社会风险的行业实行敞口风险管理。

2. 加大绿色金融工具创新

一方面加快建立碳账户体系，强化产业链各环节碳足迹的管理。鼓励银行及其他新型金融机构加大扶持绿色产业力度，优先支持绿色企业和绿色项目。鼓励金融机构将碳排放权、排污权、合同能源管理未来收益、特许经营收费权等纳入贷款质押担保范围。

另一方面，探索更多绿色金融工具。当前绿色金融市场两大主力为绿色信贷和绿色债券。绿色信贷投放应侧重符合国家产业政策，有利于技术改造升级、产品结构调整、优化产业空间布局的项目，进一步丰富对中小微企业的绿色信贷项目种类。在此基础上，鼓励金融机构创新绿色金融工具，发展绿色保险，绿色发展基金等。鼓励绿色民营企业拓宽融资渠道，发展直接融资，可以通过上市、股权转让的方式进行融资。支持绿色企业发债融资，支持发行中小企业绿色集合债券。

3. 加大绿色金融服务组织创新

加大绿色金融服务组织创新力度，实现绿色金融机构、产品、中介一体化、多元化管理；支持金融机构设立绿色金融事业部，鼓励小额贷款、信托公司、金融租赁公司参与绿色金融业务；加快推进区域碳排放交易市场建设，促进排污权交易；要通过设立低碳发展引导基金和生态基金的方式，为绿色低碳产业吸引更多社会资本，支持创投、私募基金等境内外资本参与绿色投资；持续创新绿色基金、绿色信托、绿色租赁、绿色保险、绿色PPP等新产品、新服务和新业态。

（四）完善绿色金融信息披露及共享

目前，我国已实现重点排污上市企业强制环境信息披露，但其他企业环境信息披露仍存在不足。企业环境信息的缺失一方面造成企业与金融机构之间的信息不对称，不利于金融机构按照市场化原则开展绿色金融产品定价，同时也造成交易成本的上升，制约了绿色金融产品推广。另一方面金融机构也无法开展绿色金融产品的风险控制。

对此，政府机构应加快立法规范推动企业环境信息报告和披露制度，通过全社会企业环境信息的披露和共享，有利于政府监管部门制定更为精准的绿色金融及产业政策。同时，加快运用金融科技建设有效的绿色金融统计监测系统，构建绿色信息大数据平台，搭建政、银、企信息沟通渠道，提高民营企业绿色项目融资效率。

第八章　安徽省金融创新推动民营经济发展的政策建议

第一节　完善金融创新服务民营经济的运行机制

一、向上争取，做大可用金融资源基数

按照盘活存量、用好增量、扩大总量的总思路。全省金融系统与中央保持密切沟通联系，密切关注国家金融扶持政策，积极主动向上争取，做大可用金融资源基数，为安徽省争取针对性强、含金量高的优惠政策和扶持政策，保证全省可用金融总量合理增长。同时盘活存量、用好增量，引导金融机构更多的将信贷资源配置到"三农"和小微企业等民营经济集中的领域。积极发挥再贷款政策的导向作用，大力推广支农再贷款和支小再贷款杠杆化运作模式，争取为安徽省民营经济结构调整和转型升级营造稳定的货币金融环境。

二、促进金融均衡发展

（一）协调金融各行业均衡发展

进一步完善与我国经济体系相适应的以银行、证券、保险、信托为四大支柱，加快培育基金、融资租赁等多种金融业态为补充的金融服务业体系。

积极发展非银行金融机构，推动信托公司积极发展财富管理信托、慈善信托等本源业务；支持金融租赁公司拓展租赁物的广度和深度；支持

消费金融公司、汽车金融公司创新消费信贷产品，满足群众多元化金融需求；支持银行理财公司加快资管能力建设，有效满足居民财富保值增值需求；支持企业集团财务公司资金集中管理。

把握国家深化金融业供给侧结构性改革和金融业对外开放重大机遇，推进金融业"双招双引"，招引更多境内外金融资本落户安徽省。大力招引银行、保险、证券等金融机构来安徽省设立分支机构，争取各类金融机构总部在安徽省设立理财子公司、资产管理子公司、专业投资子公司及功能性总部专营机构和创新业态。构建以多层次资本市场为纽带，多种金融业态互动融合、协调发展的多层次金融支持服务实体经济体系。

（二）注重金融业地域协调发展，推动城乡金融均衡化

注重金融业的地域协调发展，依托安徽省自贸区合肥、芜湖、蚌埠三大区域中心城市联袂探路，引领安徽省金融自主创新。统筹协调合芜蚌三大城市发挥区位优势，带动皖北、皖西、皖南部分金融发展落后城市协同发展，实现金融资源辐射的梯度转移。强化皖北地区金融服务，加大金融人才引进、金融机构设立、金融服务民营经济发展等支持力度。支持合肥打造金融科创城，鼓励各地建设特色金融集聚区，并将金融创新成果推广至全境。

推动城乡要素自由流动，促进金融资源的城乡均衡配置，从而推动城乡金融均衡化。鼓励各类金融机构优化网点布局，下沉服务重心，扩大地域覆盖。健全农村金融机构体系，大力支持县域金融机构发展，支持农村商业银行、村镇银行立足县域，发挥服务"三农"重要作用。鼓励银行等金融机构提升基层金融网点服务功能、半径和能力。多维发力，推动小微金融、普惠金融惠及县域市场主体及"三农"主体，改善农村金融生态环境，实现金融创新助力乡村振兴。

依托金融科技力量强化数字赋能，提升城乡金融发展质效，促进城乡基本金融服务均等化。强化数字金融的融合赋能，积极打造数据、智慧、业务三大平台，推进金融数字化转型，提升城乡金融数字化服务能力，从而不断提升城乡金融服务便利性、便捷性。

三、金融服务创新

（一）服务意识的创新

近年来互联网金融等金融新业态以及各大商业银行的发展对传统国有银行形成了冲击。银行业等金融机构在激烈的市场竞争环境中应当与时俱进，全面提升服务内涵，加大银行服务"软实力"建设，注重以人为本、客户利益至上的文化理念。全面提升员工综合服务素质，充分调查了解不同客户群体的需求，针对性提供服务。不断延伸服务内涵，拓宽增值服务空间，努力增加银行服务的价值链条，注重服务质量与效率，提升银行品牌形象，增加客户满意度和信任度。

尤其要加强信贷业务方面的服务意识，鼓励银行等各金融机构改变传统观念，积极服务民营经济主体。适度下放信贷审批权限，简化与整合信贷流程，实施模块化运作与批量审批模式，缩短信贷审批环节和审批时间，提高信贷投放效率，提高民营经济主体融资效率。做好贷后服务，为企业投融资业务、经营管理活动提供建议，帮助企业正确有效的使用信贷资金。开展理财、保险、证券等相关咨询业务，为企业的理财需求、保险需求、证券融资需求提供专业咨询服务。

（二）服务环境和服务设施的创新

优化银行网点设置，深入贯彻落实"以客户为中心"的服务理念，注重服务环境的人性化设计，打造温馨舒适的服务环境，切实提升厅堂服务质效。对厅堂分区设计管理，形象展示区、智慧厅堂区、现金区、自助设备区、休息区一应俱全，配备业务引导员引导客户快速选择正确的业务办理渠道，提升服务效率。围绕老年客群的行为习惯和金融需求，积极打造安全、无障碍的"适老化"银行服务，提升老年客群金融服务便利化水平。

注重服务设施科技创新，增添科技设备，加强科技研发，运用科技武装提升金融服务效率。催生出智能银行、机器人服务、手机银行、微信银行、超级柜台等现代化银行服务，使客户感受到银行现代科技的便利与效率。

四、打造民营企业融资平台

(一)建立常态化金企融资对接机制

由省级政府牵头成立省级服务金企对接的专业平台,定期举办大型金企项目融资推介会。推动金融机构与具有融资需求的民营企业对接,在各方力量促成下达成大规模协议融资,不断扩大平台影响力,致力于解决融资供求双方信息不对称的问题。

借鉴相关城市经验,推动全省16个地级市分别打造政银企沟通对接通道。做到:一、各市每月召开至少一次金融产品和政策宣传会,畅通金融产品宣传渠道;二、各市每季度召开金融形势分析会,分析全市金融运行情况、民营经济运行情况,研究国内外经济形势、国内有关货币政策、财政政策对企业融资影响,引导调度金融机构信贷政策;三、各市至少每半年举办政金企投融资对接会,为实体企业和金融机构对接提供政府平台,帮助中小微企业对接符合自身需求的金融产品、上市融资服务和助企惠企的政策措施,形成常态化政金企投融资对接机制;四、各市保障每年度例行开展金融工作座谈会,相关领导、金融机构管理人员、企业代表出席,互相交流探讨,提出完善金融服务民营经济相关政策措施的建议。五、建立重点信贷名单推介机制,畅通产业企业推介渠道。结合当地产业发展特色,各市金融管理部门对接行业主管部门,联合人民银行中心支行、银保监分局向金融机构推送有融资需求的代表型企业,由银行等金融机构根据名单主动做好对接服务。六、建立金企线上融资对接机制,加快安徽省中小微企业综合金融服务平台的推广应用,对注册的企业用户定期统一进行信用评估和评级,促进中小微企业增强信用意识,降低金融机构风险,提升金融机构信贷服务中小微企业的意愿。平台接入各金融机构,推介各金融机构的不同金融产品,方便中小微企业针对性选择相应机构获得信贷支持,提升融资的效率和精准性。

通过以上手段,确保省内各市逐步形成"每月推介、每季分析、半年对接、年度座谈、平台推送、线上对接"六条政银企沟通对接通道。保障金融服务实体经济、服务民营经济、服务中小微企业，着力构建"敢贷、愿贷、能贷、会贷"长效机制，努力实现中小微企业融资"增量、降价、提质、扩面"目标。

（二）激发市场主体活力

市场主体是经济运行的基本单位，是经济活动的主要参与者，是就业机会的主要提供者，是经济发展的"压舱石"。持续优化营商环境，激发市场主体活力，有利于稳就业、保民生、吸收投资，稳住经济基本盘；有利于激发和保护企业家精神，鼓励更多社会主体投身创新创业。市场主体的活力激发出来了，才会敢于贷款，敢于投资，市场经济才会愈发活跃。从而有效促进社会投资增加，带动有效需求增加，并且改善有效供给，为经济持续增长奠定坚实的基础。

1. 构建亲清政商关系，营造公平的竞争环境

激发市场主体活力，关键在于营造公平的竞争环境，构建亲清政商关系，促进非公有制经济健康发展。因而有必要全面实施并不断完善市场准入负面清单制度，破除歧视性限制和各种隐性障碍。有必要加快构建亲清新型政商关系。优化民营经济发展环境。有必要保障民营企业平等获取生产要素和政策支持，清理废除与企业性质挂钩的不合理规定，限期清偿政府机构拖欠民营和中小企业款项。

2. 推动大众创业万众创新以及民营经济产业升级

深入推进大众创业万众创新。发展创业投资，增加创业担保贷款。深化新一轮全面创新改革试验，新建一批双创示范基地，坚持包容审慎监管，发展平台经济、共享经济，更大激发社会创造力。

推动民营经济制造业升级和新兴产业发展，推进智能制造，全面推进"互联网+"，打造数字经济新优势。提高民营企业科技创新支撑能力。稳定支持基础研究和应用基础研究，引导企业增加研发投入。加快建设国家级实验室，发展社会研发机构。深化国际科技合作，实行重点项目攻关行动。

3. 破解民营企业融资困局

激发市场主体活力，一定要解决制约民营企业发展的资金瓶颈问题。

第八章　安徽省金融创新推动民营经济发展的政策建议

在打造金企融资对接常态化机制的基础上，推动民营企业积极利用资本市场融资。省金融办积极搭建资金融通桥梁，会同中国人民银行安徽省支行等各大银行机构、安徽省证监局、安徽省政府等召集民营企业召开交流会、对接会等共商资本市场融资和安徽省的多层次资本市场发展对策，调动企业积极性，激发民营企业争取资本市场融资的信心。

（三）深入开展"双服务"活动，搭建企业信息发布平台

安徽省现有"安徽省中小微企业综合金融服务平台"（2019年6月9日上线运行）"安徽省中小企业公共服务平台"（2019年3月1日上线运行）"安徽省民营企业公共服务平台"（2020年12月3日上线运行）三大企业信息发布平台。

"安徽省中小企业公共服务平台"目前主要发布关于中小企业的税收优惠、财政扶持、金融支持、创业及培训扶持等相关政策。

"安徽省民营企业公共服务平台"为全省民营企业提供政策推送、诉求收集、任务分办、跟踪调度于一体的智能化服务，并链接"安徽省中小微企业综合金融服务平台"等相关平台，服务功能较为完善。

未来建议以"安徽省民营企业公共服务平台"为主（以下简称民营企业平台），进一步完善平台服务功能，完善移动端"皖企服务云"APP功能开发建设，服务民营经济主体的一体化平台。

首先，政策推送智能化。以移动端为主要平台，根据用户在平台的订阅标签、浏览、操作习惯，以及以往咨询、诉求等情况，为用户提供精准的政策推送、政策解析、智能匹配、热点关注、申报测评等服务。

其次，诉求收集常态化。政府牵头，会同"一行二局"和各金融机构积极参与企业服务项目活动，深入各市与企业开展面对面、一对一服务，着力解决民营中小微企业融资难题。省、市金融办联动，将安徽省16个地级市以及61个县（包括9个县级市）的重点企业和项目信息、融资需求统一登记。通过大力宣传，引导广大企业在线提交企业基本信息、诉求内容等，并利用民营企业平台的"诉求收集"模块统一分析处理。

三是任务分办程序化。对企业提交的诉求情况实现自动分类并在线分

171

办至相关办理单位,将民营企业信贷融资需求向"中小微企业综合金融服务平台"的登记金融机构精准推介,畅通银企沟通渠道,提升融资效率。其中属于政府服务(企业反映问题)的转接省"四送一服"平台,通过"四送一服"系统进行办理;属于公共服务(企业需求)的由系统直接分办至平台上的企业需求发布中心,由入驻平台的各类服务机构主动接单,按市场化原则进行办理。

四是跟踪调度规范化。建立覆盖各类别、各层级的企业诉求办理情况跟踪调度系统,及时掌握、跟进、督促诉求的办理和反馈,并进行企业诉求个性化分析、政策推送效率和落实情况统计等。除此之外,平台还根据企业目前普遍反映的难点痛点,创新设计了在线融资、在线征信、线上志愿服务中心、皖企登云服务平台等在线对接平台以及质量品牌、知识产权、税收等专题服务栏目。

第二节 建立健全金融创新服务民营经济的支持体系

一、健全社会信用体系,优化社会信用环境

近年来,信用措施逐渐被多地运用到社会治理的相关方面,取得了一定成效,同时也存在不足。为构建诚信建设长效机制,国办发〔2020〕49号文件《关于进一步完善失信约束制度构建诚信建设长效机制的指导意见》指出:科学界定公共信用信息纳入范围和程序;规范公共信用信息共享公开范围和程序;规范严重失信主体名单认定标准和程序;依法依规开展失信惩戒;健全和完善信用修复机制;加强信息安全和隐私保护;着力加强信用法治建设。

(一)健全信用法制建设

深刻把握党中央、国务院有关文件精神,完善国家层面信用法律法规建设,推动地方立法,确保所有的信用措施运用、失信行为惩戒都要依法

依规。

由国家层面统一制定公共信用信息基础目录、失信惩戒措施基础清单，从而防范信用措施运用范围的泛化和扩大化，并做到依法依规开展失信惩戒，确保过惩相当。对存在严重失信行为的市场主体如果确定要列入"黑名单"，必须要有执法机构的行政执法文书或以执法文书为依据出具的正式认定文书。通过目录、清单、认定文书三个硬举措，从而规范信用措施应用，使信用建设真正纳入法治化轨道。

（二）优化社会信用环境

当前社会处于经济转型升级中，社会价值观念多元化。要使市场主体树立正确的价值观，应当多措并举，切实优化社会信用环境。

一方面，在社会层面广泛宣传诚实守信，加强道德教育，提升全社会信用意识。宣传中注重新媒体的运用，创新宣传形式。让广大群众深刻认识到诚信是立足之本，失信者寸步难行，在潜移默化中树立失信可耻、守信光荣的社会价值观。

另一方面，要促使民营企业做到诚信经营，务必要提供良好的营商环境，强化政府职能部门服务意识、降低制度性交易成本、加大金融扶持力度、加强产权保护，增强政策的稳定性、连续性，以不断增强市场主体对未来预期的稳定性、长远性。促使民营企业树立长期、永续经营的信心，在此基础上，认识到"诚信经营是企业立足之本"，从而恪守信用、诚信经营，形成良好的社会信用氛围。

（三）加强政府信用建设

一是加快推进政府职能转变。推动安徽省政府为民营经济主体创造良好发展环境、提供优质公共服务和维护社会公平正义，进一步深化"放管服"改革。加强制度创新，完善行政审批制度改革、干部人事制度改革、司法体制和工作机制改革、财政管理体制改革、投资体制改革及金融体制等方面，并努力保持政策的连续性和稳定性。

二是坚持依法行政，建设法治政府。包括建立健全依法行政制度体系；深入推进政府机构改革，加快推进政府职能、机构、职权、职责法定化；深化行政执法体制改革，推进综合执法；坚持公正文明执法，依法惩处各类违法行为；完善权力运行的监督和制约体系；全面推进政务公开，创新政务公开方式，推进政务公开信息化。

三是创新行政管理方式，提高政府行政效能。深化"互联网+政务服务"改革，不断提高政府的治理能力和水平，提高政府行政效能，以适应和满足新时代经济社会发展对政府的要求。

四是转变工作作风，建设一支具有实干担当精神的干部队伍。面向社会公平公正选拔优秀的人才补充到干部队伍；完善干部激励机制，畅通晋升渠道，充分调动和激发干部队伍的干事热情；建立干部系统内的查错纠错机制，增强干部工作的责任心。通过宽严相济的管理机制，建设一支有实干担当精神的干部队伍。

五是发挥政府对于信用建设的主导作用。加强法律制度建设，构建信用激励机制，大力整顿和规范市场经济秩序，整治危害社会信用的各种行为，着力创造良好的信用环境。同时建立信用评级机制和企业信用信息数据库，倡导企业诚信经营。

（四）加强企业信用建设

一是增强企业诚信意识。"诚信"建设，事关企业的形象、发展和未来。企业经营者要树立诚信经营、将企业做大做强的信念，培养诚信品质，形成良好的企业文化，方能打动客户（消费者），促进企业的长远发展。二是完善企业的治理结构。完善公司组织结构，建立权力制衡关系，提升公司治理水平；同时发挥政府、投资者、债权人、供应商、客户（消费者）等利益相关者对公司的约束作用。三是要求企业建立规范的管理和运行机制，实行制度化管理。尤其是确保财务部门规范处理各项业务，提高财务透明度，做好公司资金管理，防范债务违约风险。生产部门加强订单和合同管理，确保产品和服务质量。四是建立企业内部的信用管理制度。建立客户档案管理机制，针对不同客户利用信用评估技术进行授信，加强应收账款管理水平，从而强化信用管理功能。

二、建立完善的民营企业信用评估体系

（一）加大企业信用信息系统的建设力度

在"信用安徽省"和"安徽省企业信用查询公共服务平台"两大平台基础上，加大建设力度。以"安徽省企业信用查询公共服务平台"为主，首先是拓宽信用信息来源渠道，以人民银行及各主要金融机构为主，包括工商、税务、环保、公安、法院、检察院等主要政府部门，以及信用中介机构、企业上下游供应商、客户、消费者等，作为信用信息的来源渠道，并增强信用信息搜集的广深度，以真正凸显信用信息的全面性和有用性。同时是规范信用信息的使用，保障用于合法目的，保障信用信息安全。

其次是形成信用信息发布和沟通机制。将平台搜集的信用信息与人民银行征信系统内的信用信息定期互联互享，定期更新企业信用信息，保障信用信息发布的及时性和有效性。

再次是完善中小企业信用评价制度。由国家制定统一的信用评价标准并不断完善，在此基础上，各类征信机构应引进先进的经营理念、评级技术和专门人才，不断改进信用评价方法、革新信用评价技术手段，通过公平的市场竞争获得行业领先地位。健全金融机构对民营企业的信用评价指标体系和评价方法，利用金融技术创新评估方法、利率定价机制等节约银行信用评估成本、畅通银企合作，使信用良好、违约率低、具有良好发展前景的民营企业顺利获得较低成本的贷款支持。同时，政府应鼓励民间建立和发展社会信用调查评估等中介机构。

最后是加强对信用平台和信用产品的宣传，引导市场积极使用信用产品。将民企的信用评级与信贷、税收、市场准入等政策紧密关联，能够加强对优秀民营企业和优秀民营企业家的保护。并以政府立法、行业组织行规等形式来引导全社会对信用产品的需求，使信用评级结果的运用成为经济社会必不可少的内容。

（二）规范发展信用中介机构，提高其评价结果的权威性、公信力

一是积极支持和鼓励各种信用机构的设立和发展，包括信用等级、信

用调查、信用证明、信用评价、信用发布、信用担保、信用咨询等机构。

二是对外开放。积极招引国内外著名信用评级机构来省内设立分支机构，鼓励行业协会组织省内外、国内外信用中介机构定期举办学习交流活动，引导相互之间建立密切的技术、业务和人员交流关系，吸收国内外先进的技术，提高评估手段、评估技术的先进性、科学性、权威性，确保评估结果的公正性。

三是加强对信用中介机构的监管，规范信用中介机构行为。发挥行业自律作用，要求信用中介机构开展业务时应保持独立性，做到公正、客观评价企业信用等级。信用信息采集、整理、保存和加工从不得损害个人和企业合法权益，并依法保护企业商业秘密、保守个人隐私、保护国家秘密。建立市场准入和退出制度，对企业失信行为进行追溯，对做出虚假信用评级的征信中介机构追究法律责任，必要时责令停业整顿、甚至关闭违法中介机构。

三、完善民营中小企业融资担保体系

在安徽省政府和省担保集团共同统筹规划下，安徽省在全国率先构建了省、市、县三级全覆盖的政府性担保体系，"4321"新型政银担模式入选"中国普惠金融典型案例"。经过多年发展，安徽省信用担保行业在担保机构数量稳定增长、资本金实力、担保业务能力进一步提升；政策性、互助性、商业性担保机构互为补充，直保、再担保业务稳定增长。在现有基础上，完善民营中小企业现有信用担保体系应当做到：

（一）增强融资担保机构实力，缓解小微企业和"三农"等融资难题

1. 鼓励民间资本进入信用担保行业，加强对中小民营担保机构的政策支持力度

建议各级财政对新创办的民营融资担保公司，按注册资本规模给予一次性补助。通过制定鼓励民间资本进入信用担保行业的财税政策，吸引社会资本参股入股现有的信用担保机构，并鼓励民间资本建立商业性的担

保机构，完善多元投资的担保体系，弥补政府担保机构的不足。同时要给予民营担保公司和政府担保机构相同的市场地位，各种扶持政策要一视同仁。

加强对中小民营担保机构的政策支持力度，在财政预算中增加对民营担保机构的投入；积极为民营担保机构提供再担保业务，为民营担保机构信用增级，扩大民营担保机构的担保能力；根据担保公司的业绩和发展规模，各级财政定期给予担保业务开展较好的民营担保公司资金奖励；成立担保行业协会，开展业务交流，推动行业自律，引导民营担保机构健康发展。

2. 完善融资担保业资金补充机制，增强融资担保机构资金实力

探索建立政府、金融机构、企业、社会团体和个人广泛参与，出资入股与无偿捐资相结合的多元化资金补充机制。

联合有意愿的金融机构共同设立安徽省融资担保基金，采取股权投资、再担保等形式支持各市、县（区）开展融资担保业务，带动各方资金扶持小微企业、"三农"和创业创新。

扩大安徽省级融资担保风险补偿专项基金规模，进一步争取省财政预算支持，合理争取政策性融资担保体系建设资金支持。鼓励政策性融资担保机构采取打包出售、公开拍卖、转让等市场化手段，加速代偿清收，及时充实风险补偿基金。同时注意规范省级融资担保风险补偿专项基金的使用，加强监督管理，确保风险补偿专项基金用到实处。

（二）深化融资担保体系建设，大力支持小微企业和"三农"发展

1. 坚持聚焦支小支农融资担保业务，降低小微企业和"三农"融资成本

政府性融资担保机构应当明确支持范围，聚焦小微企业、个体工商户、农户、新型农业经营主体等小微企业和"三农"主体，以及符合条件的战略性新兴产业企业。政府性融资担保机构回归担保主业，强化支小支农定位，不得为政府债券发行提供担保，不得为政府融资平台融资提供增信，不得向非融资担保机构进行股权投资，严禁违规对外放贷。

一方面，政府性融资担保机构应当逐步压缩大中型企业担保业务规

模，增加支小支农担保业务比重，鼓励优先为首贷户贷款提供担保，并带动合作担保机构逐步提高支小支农担保业务规模和占比，共同将支小支农担保业务占比提升至80%以上。省级担保、再担保基金（机构）要积极为符合条件的融资担保业务提供再担保，向符合条件的担保、再担保机构注资，充分发挥增信分险作用。

另一方面，各级政府性融资担保、再担保机构适时调降再担保费率，并引导合作担保机构逐步降低平均担保费率，真正做到降费让利。同时规范银行业金融机构和融资担保、再担保机构的收费行为，除贷款利息和担保费外，不得以保证金、承诺费、咨询费、顾问费、注册费、资料费等名义收取不合理费用，避免加重企业负担。

2. 完善激励机制

各级财政部门要严格执行对政府性融资担保机构的激励规定，组织实施本级政府性融资担保机构绩效评价工作，突出支小支农、拓展覆盖面、降费让利等导向。经济下行期内，在做好风险防控的前提下，降低或取消融资担保业务的盈利性考核要求，提高风险容忍度，强化正向激励。另一方面，要求财政金融互动奖补政策对政府性融资担保机构给予倾斜支持，推动政府性融资担保机构发挥功能作用，扩大支小支农融资担保规模，降低支小支农担保费率。

3. 构建可持续政银担合作模式

在现有"4321"政银担模式基础上，加强与国家融资担保基金对接，推动国家融资担保基金、省担保集团、合作担保机构、银行、政府分担风险。对省级融资担保贷款风险补偿基金实行动态补充，鼓励各市级政府设立代偿补偿资金，为融资担保机构分担风险，构建政银担合作的长效机制。

（三）强化融资担保机构的监管机制

1. 明确担保机构的准入和退出机制

严格按照相关法律法规的要求审核申请设立的融资担保机构注册资本规模、股东有无违法违规行为等条件，符合相关法律法规要求的方可批准设立。同时要密切关注省内融资担保公司的运营情况，对担保机构的代偿、赔付、不良资产占比规定最高比例，对超过最高比例或不按规定营运的担保机构必须强制退出。定期更新正常经营的融资担保机构名单，方便合作机构规避风险，维护金融稳定。

2. 加强对融资担保机构的监管力度

由省政府统一制定促进本地区融资担保行业发展的政策措施，确定各地区负责监管的具体部门并督促相关管理部门严格履行职责。具体应当做到：

一是明确监管部门的主要职责，包括建立健全监督管理工作制度，运用大数据等现代信息技术手段实时监测风险，加强对融资担保公司的非现场监管和现场检查，并与有关部门建立监督管理协调机制和信息共享机制；根据融资担保公司的不同情况实施分类监督管理；建立健全融资担保公司信用记录制度；会同有关部门建立融资担保公司重大风险事件的预警、防范和处置机制，制定融资担保公司重大风险事件应急预案。

二是规定融资担保公司应当遵守的监管要求。包括按照要求向监管部门报送经营报告、财务报告以及其他有关文件和资料，报告跨省域开展业务的情况；发生重大风险事件立即采取应急措施并及时向监督管理部门报告等。

三是规定具体监管措施，包括：定期对融资担保公司进行现场检查，与管理人员谈话了解相关情况，规范融资担保机构的业务开展及担保收费。发现存在重大风险的经营活动，可以责令暂停部分业务、限制其自有资金的运用、责令停止增设分支机构等；对于问题严重的融资担保机构，可以强制其退出市场。

四是对于违法行为严格追究法律责任。对未经批准擅自设立融资担保公司或者经营融资担保业务，以及违反融资担保公司经营规则和监督管理要求的行为，严格追究法律责任。

四、完善金融中介服务体系

（一）加强对中介机构的制度化管理

出台关于中介服务业发展的法规制度，研究并发布关于加快中介服务业发展的具体意见。系统规划科技中介服务、咨询服务、金融中介服务、法律服务、财税会计服务、信用服务等相关中介服务领域的具体发展策略。优化中介服务业发展环境，改进政府管理和服务，加强中介服务业统计，建立规模以上中介服务业统计指标体系和统计调查制度，加强中介服务业发展信息发布和监测分析。

（二）培育和支持金融中介服务业的发展

深化中介服务行政审批改革，支持和发展直接为民营中小企业服务的中介机构，在名称核准、集团设立、投资人资格、经营范围、营业场所等方面按照有关规定适当放宽条件。推动企业、高校、科研机构合作设立中介服务机构，鼓励民营中介服务机构开展合作参与大型项目竞标。

支持中介机构为民营企业提供经营管理咨询、信托投资、法律咨询及其他增值服务，提醒企业合法经营，提高民营中小企业的经营管理水平和市场适应能力。

支持中介机构为民营企业提供会计、税务、财务管理咨询等服务，帮助企业规范财务信息处理及披露，完善财务管理制度，提升理财水平，增强资金利用效率，防范财务风险。

支持中介机构为民营企业提供资产评估、资信评级、融资担保和抵押中介服务。提高中介服务专业性，做好民营企业信用评级工作，做好知识产权等无形资产价值评估工作，为金融创新中的知识产权抵押、应收账款抵押等提供保障；简化担保机构为民营企业提供服务时的手续、流程，适当降低收费标准节约民营企业融资成本，从而提高金融中介体系服务效率。

支持民营企业成立行业协会、商会发挥其行业自律、同行互助和信息沟通作用，促进民营中小企业间经营管理、技术开发、市场开发、融资方面的信息共享和分工合作关系的形成与发展，在管理技术、组织、信息等方面实现互补。

（三）规范中介服务机构发展，提高其服务水平和能力

提高中介服务机构服务水平和能力，强化人才支持，大力引进中介服务高精尖人才，鼓励高校培养高端复合型人才。完善基础设施和配套服务，提升中介机构专业化服务水平和智能化管理水平。支持优势中介服务机构做大做强，开展省内中介服务品牌培育工作，提高安徽省中介服务机构省内外知名度和竞争力。

加强行业治理和依法监管。大力整顿中介服务业市场秩序，打造良好、有序、规范的市场竞争环境。加强分类监管，建立重点中介服务机构监管清单制度。加快推进"互联网+监管"应用，支持各地依托政务服务网公布中介服务机构名称、服务范围、资质条件等信息。推动中介服务机构公开服务条件、流程、时限和收费标准，做到明码标价、价质相符，坚决查处乱收费、变相涨价等行为。

五、推动金融人才队伍建设

日新月异的网络信息技术推动人类社会进入金融智能时代，金融与经济、政治、文化、科技等的联系更加紧密，社会的发展对金融人才提出了更高的要求。同时金融创新中金融产品创新、金融技术创新，以及金融创新服务民营企业，尤其是科创型企业都要求金融机构的人才具备过硬的专业知识和业务能力。

（一）建设高水平金融人才队伍

推动高校建立开放式金融人才培养体系，优化高校金融专业学科和教育体系，紧跟金融业的新变化、新动态、新趋势，及时更新金融学科知识体系。加强双创教育，培养金融人才的创新思维和创新能力；发掘金融专业与其他专业的交叉点，培养复合型金融人才；强化大数据、物联网等新技术应用能力培养。从而为科技金融、绿色金融、数字金融等特色金融发展提供高素质的创新型、复合型金融人才。同时积极与新兴金融机构对接，建立校外实践基地，提高学生的实际操作能力，鼓励高校与金融企业加强合作，创新"订单式"校企合作联合培养方式。

政府支持搭建金融人才引进平台，统筹推进金融人才队伍建设，鼓励各市设立金融人才服务中心,强化对金融人才的引进、培育、合作交流等公共服务支持;金融管理部门、金融机构、金融中介机构等坚持市场主导,发挥用人单位主体作用以及人力资源中介机构的专业优势,选拔引进高素质的金融人才、科技人才、风险管理人才;加强领军人才、创新人才、紧缺人才的引进培育。优化安徽省金融人才选拔体系,加强金融智库建设,建立良性循环的金融动态人才管理机制。

创新金融人才培养成长机制,加强针对新技术、新市场环境的专业培训,充分发挥金融行业协会优势开展金融人才培训交流。鼓励金融管理部门、金融机构与企事业单位两两之间开展双向交流,畅通金融人才晋升通道,优化金融人才队伍结构,加快高层次金融人才队伍建设。鼓励金融人才不断学习、提升个人能力和业务水平;鼓励金融部门领导干部到金融机构、企事业单位挂职锻炼,提高领导干部金融工作能力;弘扬金融企业家精神,加强优秀金融企业家培育。

(二)完善金融人才评价和激励机制

完善金融人才评价体系,综合运用政府评价、用人单位评价、行业组织评价、人力资源机构评价,提升原创成果、工作业绩在金融人才评价体系中的占比,凸出道德评价,提升金融人才评价的科学化、市场化水平。支持专业机构探索开展安徽省金融行业职业能力水平认证。

建立有效的薪酬机制和激励机制。进一步完善以经济效益、资产质量为核心的绩效考核指标体系,按照"效率优先,兼顾公平"的原则,建立能够体现金融人才个人收入与贡献、绩效挂钩的收入分配和奖励政策,探索实施高管和员工持股等与经营业绩相挂钩的长效激励机制。

(三)健全金融人才服务保障机制

完善金融人才服务体系,制定金融人才落户相关优惠政策并保障实施。建立高层次智能化金融人才服务绿色通道,为急需的金融高端人才提供便捷服务。完善知识产权保护法律法规,保护金融科技领域创新者的合法权益。

政府部门应完善相关政策,促使金融从业人员严守职业道德。健全、规范的金融市场是安徽省深化金融业对外开放的基础，新时代的高素质金融人才必须严守职业道德，自觉抵制违法违规行为，维护我国资本市场声誉。政府部门要通过思想教育、制度约束等手段，保证金融业从业人员严守职业道德，推动安徽省金融业健康发展。

六、为金融创新服务民营经济发展提供相应的财税政策支持

（一）对支持民营企业融资的金融机构给予财税补贴

对响应政府号召，积极向民营企业提供信贷支持的金融机构给予高度肯定，提供相应财税优惠政策。

对使用央行支小再贷款发放小微民营企业贷款符合条件的金融机构，按一定比例给予贴息性奖励。对金融机构发放的小微企业年度贷款平均余额同比增长超过一定比例的部分，财政对经办金融机构给予奖励，对县域金融机构发放的符合条件的涉农增量贷款，按一定比例予以补贴。支持金融机构向无贷款记录的企业发放首次贷款，按实际发放贷款额度的一定比例对经办金融机构予以补贴。支持地方法人金融机构发行小微企业金融债券，并予以补贴。鼓励融资性担保机构开展"支农支小"担保业务，着力解决小微企业融资抵押担保难的矛盾，对融资担保机构按其"支农支小"担保业务年平均余额增量的一定比例给予补贴。

通过完善对商业银行等金融机构的监管考核和激励机制，制定相关财税优惠政策并保障实施，鼓励、引导其增加对民营企业、中小企业的信贷投放，并合理增加中长期贷款和信用贷款支持，提高贷款审批效率。鼓励金融机构对符合条件、流动性遇到困难的中小微企业、个体工商户贷款本金，给予临时性延期偿还安排。引导金融机构定向增加对个体工商户的低息贷款。

（二）加大对金融创新服务民营经济的奖励力度

制定详细的《银行保险业金融机构支持民营经济的金融产品创新奖励办法》，鼓励金融机构不断开展业务、产品创新，对银行创新金融产品

与支持安徽省社会经济发展，以及对保险公司支持民营企业发展的保险产品创新等给予一定比例的财政奖励。不断完善奖励方案，加大奖励力度和奖励范围。一是鼓励金融机构对现有产品进行整合创新，开发适合民营中小企业、民营科技企业的信贷产品、保险产品；支持民营企业扩大生产规模、技术改造、转型升级，充分发挥财政性奖励对金融机构支持民营企业发展的激励作用。二是鼓励银行等金融机构扩展服务领域，为民营企业提供管理咨询、投资咨询、战略规划、风险管理等多项咨询服务。三是鼓励金融机构用现代技术创新服务技术和手段，革新金融服务方式。

今后，为进一步促进民营经济发展，鼓励银行和保险等金融机构创新适应民营企业扩大生产规模和技术改造等需求的信贷和保险金融产品，进一步加大奖励力度和奖励范围，充分发挥财政性奖励对金融机构支持民营企业发展的激励作用。

（三）加大力度扶持民营企业上市融资

加强企业上市宣传和培训工作，强化舆论宣传和引导，强化民营企业上市意识，加快企业上市步伐。

完善拟上市重点民营企业后备资源库。按照主板、创业板、科创板以及新三板、省股权交易中心、境外市场等不同市场上市要求，进行分类指导。帮助拟上市重点培育企业协调解决项目审批、土地房产变更、资产转让、税费减免以及产权确认等历史遗留问题，为民营企业上市开辟"绿色通道"。

省、市财政分别设立专项基金奖励成功挂牌上市的民营企业，对于实现不同层次资本市场挂牌上市的民营企业给予不同级别的财政奖励。鼓励民营上市公司进一步通过配股、增发和发行可转换债券、公司债券方式进行再融资，从而提高民营企业直接融资比重，推动安徽省资本市场健康发展。

第三节 夯实民营企业产业根基与机制完善，防范负债融资风险

民营企业尤其是中小微企业经营发展面临的不确定性，会增加金融机构支持民营中小微企业融资的风险，同时使得自身发展受限。因此安徽省在推动金融创新支持民营企业发展的过程中，要发挥政府及社会各界力量，推动民营企业健康发展，夯实民营企业产业根基，防范民营企业负债融资风险。

一、发动政府及社会力量推动民营企业健康发展

（一）充分发挥省产业发展资金的作用

自2009年12月安徽省成立第一个产业发展基金——皖江城市带承接产业转移投资基金，多年来，安徽省牢牢把握高质量发展的根本要求，聚力实施创新驱动发展战略。下一步将继续大力推动产业结构转型升级，促进传统产业体质增效，并推动新兴产业跨越式发展。在此目标下，加大财政政策支持力度，优化调整安徽省各类产业发展资金投向。支持"三重一创"产业发展基金，从壮大民营经济出发，优化创新创业扶持政策，大力支持民营中小企业转型发展，支持民营高新技术企业做大做强。引导民营企业投资于战略性新兴产业、现代服务业、传统产业升级、现代农业、基础设施建设等重点项目建设。

在产业资金扶持下，加快民营企业新技术、新应用的研发、孵化和培育；创新人才使用和激励机制，强化高端人才要素集聚能力，重点引进前沿技术研发、产业化应用开发、高水平技工以及具有企业家精神的高端管理人员，逐步形成合理发展人才梯队。

（二）充分发挥省级政府股权引导基金的作用

2018年7月2日安徽省级股权投资基金体系3.0版正式宣告全面落地，安徽省级股权投资基金由安徽省投资集团负责运营，近几年安徽省股权投资基金运行效率日益提升，通过基金招商带动实体经济产值近千亿元，特别是在量子通讯、集成电路、陶铝新材料等领域投资了一批"硬科技""黑科技"产业项目，填补了众多科创产业领域空白，补齐补强了产业链条。

为进一步促进安徽省民营经济发展，应充分发挥省级政府股权引导基金的作用。按照"政府引导、市场化运营、专业化管理"的原则，重点投资一批优质种子企业，创新风险投资方式投资初创期民营高科技企业，加强产业投资扶持重点产业、新兴产业的民营企业，促进民营企业规范经营、发展壮大，争取上市（挂牌）。从而将政府财政资金与社会资本有机结合，引导社会资本加大对安徽省经济社会发展重点领域的民营企业投资规模，培育并壮大一批专精特新的民营中小微企业，支持优势产业发展，发挥政府财政资金在民营经济发展中的引导作用。

（三）促进民营企业投融资平台建设

一方面，目前"安徽省民营企业公共服务平台"注重搭建解决民营企业多方面需求的平台，已经有了良好的运行基础。平台已经与"安徽省中小微企业综合金融服务平台"形成深度合作，设置专门板块引导有融资需求的企业一键登录"安徽省中小微企业综合金融服务平台"向金融机构融资。目前应当重点支持"安徽省民营企业公共服务平台"推出民营企业股权融资板块，帮助民营企业发布股权融资需求，引导社会资本投资优质民营企业，并引导民间资本投资省重点项目建设。

另一方面，借鉴"浙民投""苏民投""粤民投"和"中冀投资"模式与经验，构建大型民企省重点项目建设投资融资平台。以聚集民间资本，实现产融结合、助力民营企业重点项目建设为宗旨，联合省内大型民企，打造政府支持的安徽省民间投融资平台。通过该平台引导民间资本参与到民营企业重点项目建设中，拓宽民间投资在大型基础设施投资等领域的参与程度，引导民间投资投向产业链长、增长前景好的产业领域，为民营企业转型升级与民营企业重点项目建设提供强有力的投融资支撑与咨询服务。

（四）充分发挥财政资金的奖励激励作用

完善相应的企业资产证券化奖励资金管理办法，鼓励企业民营资产证券化，对成功实施资产证券化的企业和承销机构给予相应奖励。并鼓励各承销机构优先安排民营企业资产证券化，盘活民营存量资产，以存量调整加大在建项目，促进民营企业扩大规模、产业升级等一系列后续发展。鼓励民营企业挂牌上市，对符合条件的企业给予辅导培育，支持一批企业申请新三板上市，符合一定条件之后再申请主板上市，对新三板和主板上市成功的企业给予奖励。

二、促进民营经济产业转型升级，增强内源性资本积累能力

（一）进一步优化营商环境，为民营经济发展创造条件

营商环境通常包括政务环境、市场环境、国际环境、法治环境、企业发展环境和社会环境等。相对于基础设施等"硬环境"，营商环境是更为强调市场化、法治化、便利化、国际化的"软环境"，优化营商环境是提升区域经济竞争力的重要法宝。

推动安徽省进一步优化营商环境的举措包括：

一是大力强化市场主体保护。坚持维护公平市场竞争秩序，探索公平竞争审查新机制；完善招投标与政府采购政策；防范和化解拖欠中小企业账款问题，保障中小企业资金链周转安全；加强知识产权保护，加强知识产权保护相关法律法规的宣传力度，加大对中小企业的知识产权维权援助力度，降低企业维权成本，严厉打击知识产权侵权行为。

二是持续优化政务服务。加快"皖事通办"平台与其他相关平台的深入融合，打造全面、高效的全省网上政务服务平台，对标杭州等政务服务较为先进地区，持续优化"皖事通办"，促进全省政务服务持续优化。加快推进各地政务服务中心建设、综合窗口集成服务改革，力争早日实现

"最多跑一次"改革。

三是进一步优化监管执法。创新和加强事中事后监管，完善以"双随机、一公开"监管为基本手段、重点监管为补充、信用监管为基础的新型监管体系，加强"互联网+监管"，强化信用联合惩戒，打造"互联网+监管+信用"的综合监管闭环。规范行政执法行为，推广综合监管、联合执法，并适当为创新型企业提供宽容制度环境。

（二）做好产业规划，建立合理的大中小企业产业分工

一是尽快成立专业的民营中小企业管理部门。加强对相关行业市场竞争现状、产业链发展现状以及技术、产品等方面的研究，加强对民营中小企业的整体规划和政策指导。在十四五期间国家大力补链、延链、强链的契机下，引导民营企业抓住历史机遇，紧紧抓住产业链协同的关键点，深化开展上下游全方位、多层次的合作。

二是通过政策引导民营企业参与产业分工，建立大中小企业合理的产业分工链，使民营中小企业与大企业形成稳固的市场协作关系。推动区域产业向产业链、价值链中高端跃升。实现产业基础高级化、产业链完整化、供应链安全化和价值链高端化，促进产业结构更优化、产业规模更壮大、产业集聚更高效、龙头带动更强劲，以强产业链的优势竞争力带动产业链中民营中小企业的长远发展。

三是引导民营中小企业主动充分利用各种财政扶持、金融融资支持政策，争取风险投资、创业投资等资金支持，支持民营中小企业获得产业链中大型企业在技术和资金融通方面的支援。支持民营中小企业协同产业链上下游企业共同攻克产业链发展中的难点、痛点和堵点，从而提升自身竞争力。

（三）促进民营经济产业转型升级

1. 政府层面

首先，引导民营企业通过科技创新提升核心竞争力，实现产业转型升级。一是建立民营中小企业公共技术研发中心。加快科研体制改革，建立面向市场、面向企业的技术开发和投资体系，将分散的中小企业有效组织

起来，有利于集聚资金、人才等各方面力量集中开展技术研发，更高效的产出科研成果；有利于科研成果的广泛应用，提升省内民营企业整体技术水平和市场竞争力。二是建立健全技术交易市场，促进区域内的技术自由交易，完善科研成果归属权的确认，提升科研成果的应用，强化科研成果的社会效益和经济效益，激发科研人员的积极性。三是推进校企合作、校所合作，大力培养科研人才，改革人才流动机制。支持高校、科研机构、企业研发中心的科研人才双向流动，促进理论与实践相结合，提升科研质效，产出更多技术创新成果。

其次，引导金融支持科技创新。引导金融机构为民营企业科技创新提供资金支持，大力发展科技金融，建立科技金融风险补偿资金池。引导创业投资、风险投资向技术研发、科技成果转化和产业链前端延伸。吸引社会资本，加强外部投贷联动，推动专利转化应用。支持融资担保公司拓展科技融资担保业务，鼓励保险机构创新科技保险产品。

2. 民营企业自身层面

首先，民营企业应当树立发展与竞争意识，改变粗放经营模式向集约型发展转型。重视科技创新、加大科技投入，促进自身转型升级。创新驱动提高生产率，提高企业资产和资本回报率，增强企业盈利能力，为企业发展积累内源性资本。其次，民营企业应当推动管理创新升级，完善企业管理体制，构建现代化公司治理机制。通过引进专业化管理人才、建立科学决策机制、完善人才培训体系，使企业经营管理走向正轨，能够应对激烈的市场竞争和瞬息万变的市场环境。最后，健全财务管理制度，规范会计核算，增加企业财务透明度，为银行信贷评估提供真实可靠的财务资料。

三、防范负债融资风险

（一）树立风险意识，建立有效的风险防范机制

我国社会主义市场经济发展到现在，宏观经济整体不断向好，商品

交易市场持续繁荣、交易规模不断扩大。但不可否认的是，部分行业产能过剩，市场转向买方市场，企业之间的竞争愈发激烈。而民营企业自主经营、自负盈亏，生产经营面临更大的不确定性，过于激进的投融资决策将会给民营企业带来巨大的财务风险，一旦决策失误，随时可能被市场淘汰。

因而民营企业对自身面临的风险应当有清醒的认知，尽早树立风险意识、加强风险管理并贯穿于生产经营全过程。

为此，民营企业应当完善内部管理制度，建立健全财务风险防范体系。一是加强内控制度设计，完善企业经营管理制度。完善企业组织架构，明确各部门职责与权限，发挥监督职能保障重大财务决策科学性，提高民营企业资金使用效率。二是健全企业财务管理制度，依法开展财务工作、披露会计信息；强化资金管理，重点关注现金流量；优化融资方式，降低企业资金成本。三是构建长效的财务风险预警体系，并将风险预警贯穿企业生产经营全过程，依靠专业人员结合现代信息技术系统实时、动态分析企业财务信息，及时发现风险点，尽早化解财务风险，避免财务危机的发生，将债务融资风险降到最低。

（二）把握负债融资平衡点，完善融资约束机制

民营企业应根据实际的资金需要量进行融资，避免资金不足和资金闲置。企业应确定最佳资本结构，同时根据自身情况及外部环境的变化及时调整。根据最优的资本结构安排融资，合理安排短期负债和中长期负债的比例。降低融资成本、提高融资效率，合理利用财务杠杆以及防范和控制财务风险。同时兼顾融资优序，优先积极使用内源融资，争取各类政策性融资支持。

同时民营企业要合理设置资产负债率上限，保持合理的负债结构和债务期限结构。合理利用财务杠杆，适度开展债务融资、投资、对外担保等业务，防止过度投融资、担保等带来的债务风险，实现风险与报酬的最优组合。企业应不定期进行测算，掌握资产、负债状况，并进行横向和纵向对比，根据实际情况，对负债比率进行适当调整。加强现金管理，严格关

注资金链周转安全，建立科学的民营企业债务风险监测与预警体系，及时预警以便调整优化资本结构，降低财务风险。保证自身具有优良的信用水平，能够获得金融机构的信贷支持。

（三）制定切实的负债偿还计划

一是树立信息化管理意识，统筹资金管理。应用先进企业管理软件，处理多元化财务信息，科学开展后续投融资决策，提高资源配置效率。二是加强资金管理、加速资金周转。革新生产工艺，缩短生产周期；促进产品销售，提高产销率，降低存货周转期；加强应收账款管理，缩短应收账款周转期。从而提升企业盈利能力，增强企业偿债能力。三是制定切实的还款计划，防范财务风险。依据合理的后续投融资安排以及企业稳定的现金流入，切实保证强有力的偿债能力，保证到期还本付息。四是构建财务预警管理机制。根据信息管理系统收集的财务数据信息定期或不定期进行财务风险评估，围绕评估结果开展应对措施，优化后续偿债安排，降低财务风险。必要时启动应急管理，进行资产变现提前偿债，将财务危机扼杀在摇篮中。

民营企业只有在提前做好偿债安排的前提下，才能防范财务风险、充分发挥债务资金的作用，并在激烈的市场竞争中抓住发展机遇，提高决策能力、管理能力、盈利能力，获得长远发展。

第四节　推动金融改革创新，防范风险，维护金融业良性发展

一、正确处理金融创新与风险防范的关系

金融创新是一把"双刃剑"，在提升资源配置效率、丰富金融产品的同时，也会带来潜在的金融风险，如果缺乏有力的风险防控，金融创新恐成脱缰之马。要保持社会经济的稳定协调和可持续发展，在强调金融创新

的同时，必须强化风险防控能力，正确处理金融创新与风险防范的关系，把握好二者的平衡。发展经济、促进人民物质生活水平的不断提高始终是我国各项工作的中心，经济发展是风险防范的基础，风险防范是经济发展的保证。

首先，把握好金融创新与风险防范的关系，需要立足金融服务实体经济的本质，防止资金"脱实向虚"。要求金融业发展必须立足服务实体经济这一本质，正确处理好金融业与其他行业的关系，大力支持实体经济，引导资金合理有序地进入实业领域。

其次，把握好金融创新与风险防范的关系，需要深化金融体制改革，重视金融基础制度建设，提高金融服务效率。一方面，现行金融制度仍存在不足之处，完善金融基础制度建设的措施包括稳步推进注册制改革，坚持市场化和注册制理念，有效发挥资本市场作用；完善金融市场交易制度，提升金融创新产品交易的流动性，进一步优化交易监管，完善交易所防控市场风险和维护交易秩序的手段措施；完善商业银行资本工具创新的相关制度；加强金融科技发展的顶层设计，促进金融创新的良序发展。另一方面，在金融发展与金融创新过程中，还会出现种种新的情况，必须用开放、发展的思路和方法，及时发现问题，解决矛盾，大胆进行制度创新。

最后，把握好金融创新与风险防范的关系，必须建立科学严密的金融风险防范机制，并且加强金融监管力度，实现金融风险监管全覆盖。随着国际国内环境日益复杂和不确定，金融风险将会显著增大，必须建立科学严密的金融风险防范机制，并确保基础性法律法规等监管制度的健全和完善。

改革开放以来，我国金融业不断深化改革创新，着力兴利除弊、补齐短板，不断推动金融业发展与社会主义现代化建设相适应。回顾我国金融业由小到大、从弱到强的发展历程不难发现，改革创新是金融业突破难点问题、不断发展壮大的根本动力。习近平总书记指出，坚持金融业改革创新，坚定金融改革创新的市场化方向，是推动金融业发展适应社会主义市场经济的重要实践经验,也是做好下一阶段金融工作的必然选择;同时,金融安全是国家安全的重要组成部分,维护金融安全就是维护国家安全,要坚持把防范化解风险作为金融工作的生命线,切实防范系统性金融风险。

因此,正确处理金融创新与风险防范的关系,紧紧围绕服务实体经济、防控金融风险、深化金融改革三项任务,不断推动我国金融业改革创新与平稳健康发展,以优质高效的金融体系推动安徽省民营经济高质量发展,才能紧跟国家全面建设社会主义现代化国家的脚步,推动安徽省经济与金融良性循环、健康发展。

二、深化改革,增强金融机构发展创新与风险管理的动力和能力

(一)构建多层次、广覆盖、差异化的金融机构体系,提升中小金融机构市场竞争力

近年来,安徽省大力发展城商行、农商行、民营银行、村镇银行等地方金融机构,金融机构体系日益完善,且地方金融机构在业务模式、客户定位、产品创新等方面初步形成自身特色,弥补了原有金融体系的不足。下一步应多方发力,协同施策,继续推动构建多层次、广覆盖、差异化的金融机构体系,并以新的举措推动地方金融机构健康可持续发展,提升地方中小金融机构市场竞争力。

一是完善地方金融机构公司治理结构。深化产权制度改革,持续优化股权结构,实现股权结构的多元化、社会化;完善股东代表大会制度,发挥董事会决策作用和监事会监督作用,完善独立董事制度,构建科学有效的公司治理机制。

二是优化资产负债结构,加大对优质中小微企业和乡村振兴的服务力度,降低不良贷款率;同时要树立市场竞争意识和客户服务意识,大力发展零售业务和中间业务,提升服务质量,创新存款产品、理财产品等,维

护个人和企业客户，提高稳定的资金来源，提高资本充足率。

三是完善金融机构内部风险识别、风险监测评估预警和处置体系，要求金融机构健全内控制度，严格按规定计提贷款拨备，完善日常动态的风险监测体系，加强流动性风险和声誉风险监测。此外，还应特别关注有较大概率出现流动性风险苗头的金融机构，提早调整和预警，做好应急预案安排。

（二）加大金融业对外开放力度

开放是激发市场活力的源泉，也是驱动金融业发展壮大的重要力量。加大金融业对外开放力度，欢迎符合条件的外资金融机构和投资者来安徽省设立机构、开展业务，引导省内金融机构特别是地方性金融机构与国内外大型金融机构深度交流、合作，学习并吸收其先进的管理经验，转变服务理念，创新产品和业务模式。通过引进战略合作伙伴，壮大金融机构实力，改善股权结构，健全法人治理模式，提高经营管理水平，增强竞争能力。同时鼓励省内大型优质金融机构加速"走出去"，为境内企业"走出去"提供配套金融服务。

（三）深化利率市场化改革

经过多年来持续推进，十四五初期，利率市场化改革取得了一系列重要进展，但仍存在贷款基准利率和市场利率并存的"利率双轨"问题，这会对市场化的利率调控和传导形成阻碍，不利于政策利率向贷款利率的传导。2019年人民银行以贷款利率并轨为重点，研究推动利率体系逐步"两轨合一轨"，完善商业银行贷款市场报价利率（LPR）机制，更好发挥贷款市场报价利率在实际利率形成中的引导作用。与贷款基准利率相比，贷款市场报价利率的市场化程度更高。

目前深化利率市场化改革的重点在于改革完善并推广贷款市场报价利率（LPR）机制，明确要求银行贷款参考LPR定价，增强银行贷款利率定价的市场化程度。赋予金融机构价格自由权，促使其根据服务对象的风险水平合理定价，增强其对中小民营企业提供金融服务的意愿和积极性。引导金融机构增加对制造业、民营企业的中长期融资，降低小微企业融资实际利率。在LPR改革取得重要进展的前提下,再完善银行的内部转移定价（FTP）机制,将LPR内嵌到FTP中,从而进一步疏通银行内部利率传导渠道。

（四）引导民间融资阳光化、规范化、制度化

在正规金融信贷供给不足的情况下,民间金融成为中小微企业补充融资的主要渠道,也是我国现有金融体系的重要组成部分。但同时也要清醒看到,在国家不断规范民间金融发展的法治进程中,其监管难度大、法规体系不完善,易引发系统金融风险等问题依然存在。

一是完善民间金融监管的法律法规体系。金融市场的快速发展催生了互联网金融等新型金融模式,产生了各类新兴金融机构。初期的无法可依导致其野蛮生长并带来一系列风险,影响金融市场的稳定。应加速立法,完善法律法规体系,完善相关具体监管制度,将全部民间金融机构纳入正式监管体系,并依法进行分类界定、分层管理,从而规范民间金融健康发展。

二是明确民间金融监管主体及其职责、权限。明确由相关地方政府金融办负责民间金融的具体监管,并负责民间金融主体日常经营事宜的监管。而民间金融主体的市场准入与退出仍由银监部门负责,并负责建立民间金融机构的市场准入机制,加强对违法民间金融机构的惩戒。

三是建立民间信用担保体系,合理进行风险防控。健全安徽省中小企业信用评价体系,阻止不法企业进入民间金融市场。强化中小企业信用担保体系建设,扩大其覆盖面,使其兼顾民间金融市场的融资行为。

四是建立民间金融行业协会,发挥行业自律作用。协会积极配合地方政府监管部门,制定包含统一的行业标准、业务准则等在内的行业规章制度并要求会员统一执行。统一登记会员的信息并建立信用档案对外披露,使不合法的民间金融机构无所遁形。加强对会员经营活动的风险监测并及时预警,防范系统金融风险。

三、完善中小金融机构存款保险与退出机制，防范金融风险

（一）完善金融机构贷款风险补偿机制

政府在政策以及立法等各项措施引导金融机构支持民营企业融资的同时，也不可忽视金融机构所面临的违约风险。为此有必要促进融资担保机构的发展，引导银行、担保机构、企业通力合作。形成以民营企业发展为中心的"五位一体"融资担保服务模式。即政府、银行、担保机构、再担保机构和企业相结合的融资服务平台，分散金融机构的风险。并加强对担保和再担保机构的资金扶持，针对部分违约贷款，财政予以拨款补偿。

（二）完善中小金融机构存款保险与退出机制

随着各种各样地方性、中小型、民营金融机构的不断建立，金融市场中中小银行、村镇银行破产的风险也在不断增加。为此，应由省级政府、人民银行和相关金融机构共同出资，尽快设立中小金融机构存款保险公司，对所有吸收公众存款的金融机构实行强制投保，从而保证中小金融机构的存款安全，提高其社会形象和信誉，增强客户信任度。同时，要建立完善金融机构的市场退出机制，加快出台金融机构破产法，以完善的法律法规体系帮助实现对金融机构行为的约束，从而保障客户权益、防范金融风险。

同时建立金融机构风险预警预报系统，强化市场主体的责任和约束，重视市场救助机制的作用，完善金融机构优胜劣汰的竞争机制。

四、完善法律法规体系，加强金融监管

（一）建设完善的民营企业融资法律环境

民营企业融资难不仅在于自身局限和金融体系的不完善，还在于支持民营经济发展的相关政策立法体系不健全。因此需要构建健全的民营经济融资法制支持体系。首先通过法律确定民营中小企业在国民经济中的地位，立法保障民营企业在经济社会中的平等竞争地位。其次，制定相关行

政法规等支持引导金融机构为民营企业发展提供政策性贷款，通过法律法规规范引导民间金融为民营中小企业等提供融资支持。再次，通过制定规范性文件和立法，鼓励发展由政府出资或参股的非营利政策性担保机构，以便为民营企业提供融资担保服务。最后，完善相关政策法规的监管体系，在政策法规的实施过程中实时跟进和监督，确保政策法规的落实。

（二）健全金融创新法律授权制度

推动由国家、省级政府层面建立健全金融法律制度和规范。推进科学立法、民主立法、依法立法，推动基础金融法律法规修订。推动加快制定规范科技金融、绿色金融、普惠金融、国有金融资本管理以及金融机构市场化退出的相关法律法规。完善地方金融监管法律制度，明确法律依据和授权。

同时随着社会的进步以及民营经济的高质量发展，未来还将出现更多更丰富的新经济业态，围绕新经济业态的金融创新可能会突破法律现行规定，相关立法机构要及时做出立法授权，防范法律风险。

（三）创新金融监管模式，完善金融监管体系，维护金融业安全稳定运行

一是强化地方政府与金融监管部门"一办一行二局"的沟通协调机制。建立各监管部门间合理有效的金融监管协调机制，明确各部门职责。搭建信息共享平台，定期交流监管信息，研究维护金融稳定的重大举措。建立应对金融市场突发事件的快速反应机制，制定和落实应急预案，确保特大金融风险发生时，能够快速、稳妥地协调处理。

二是健全金融创新监管机制，完善地方金融监管法律制度。金融创新中金融工具的创新、金融科技的创新等需要相应的监管规则和技术标准，严防不法分子利用违规的金融工具侵害广大投资者利益。政府有必要成立专业的金融创新监管职能部门，创新监管方法，更为主动、全面的对金融创新展开监管。利用金融科技创新构建先进的征信系统、加强对相关信息的披露，借助大数据等先进的技术，监测经济社会中的金融活动，对非法金融活动展开预警，从而加强金融科技监管力度。建立金融创新负面清单

制度。对一些明确属于非法、不利于经济高质量发展的所谓"金融创新"应列入负面清单,严格执法,防止发生侵害广大老百姓财产的金融案件。

三是创新中小金融机构监管模式。随着各种新型中小金融机构的出现,监管部门要加强对新情况的分析研究,创新监管理念和模式,建立适应中小型金融机构监管的理念、思路、工作方法。尽快完善中小企业金融服务统计口径和信息披露制度;建立金融服务评级制度;完善中小金融机构监管标准,建立合理的不良贷款监管指标,完善资本充足率计算;对小企业和微型企业的金融服务给予差异化的激励政策等。

四是创新金融混业经营模式下的监管机制。随着金融混业经营的兴起,监管部门应加强对这一情况的研究,改革现有的分业监管模式,建立混业经营环境下金融监管的模式体系,以维护金融业的安全稳定。包括健全风险预警机制,防止内部风险蔓延;建立强制性的信息披露制度,抑制内部关联交易等。

参考文献

［1］中国人民银行等．金融科技发展规划（2022-2025年）［S］．2022

［2］赵国忻．浙江民营经济金融生态环境研究［M］．中国金融出版社，2015

［3］赵晓菊等．民营经济探索与思考［M］．上海财经大学出版社，2020

［4］黄益平等．中国金融创新再出发［M］．中信出版集团，2020

［5］黄可权．新型农业经营主体金融服务体系创新研究［D］．哈尔滨：东北农业大学博士学位论文，2017

［6］张玄．金融集聚影响区域民营经济成长的机理与实证研究［M］．中国经济出版社，2020

［7］闫光芹．山东科技创新、金融创新与经济增长耦合协调的实证研究［J］．甘肃科学学报，2019（4）：137-142

［8］康明．长三角金融生态环境与经济增长耦合集聚效应［J］．华东经济管理，2022（7）：21-31

［9］赵雪．长三角金融发展对经济增长影响实证分析［J］．合作经济与科技，2019（3）：68-70

［10］焦妍妍，郭彬，优瑞池．科技创新、金融创新与产业结构优化的耦合关系研究［J］．产业经济，2019（5）：32-36

［11］杨力，朱国龙，魏奇锋．金融创新、技术创新与经济增长的嵌合驱动研究［J］．经济体制改革，2021（4）：195-200

［12］彭迪云，刘畅，周依仿．区域经济增长与创新能力耦合协调发展研究：以长江经济带为例［J］．科技管理研究，2016（7）：

104-110+121

［13］喻平，严卉靓．金融创新与经济增长的耦合关系：基于湖北省数据的例证［J］．武汉理工大学学报：社会科学版，2016（11）：1140-1156

［14］李斌．中国省域经济金融协调发展的整体趋势与差异化特征：基于两系统耦合模型［J］．金融发展研究，2017，12：29-35

［15］王蕾，管子慧，张偲琪，李梦婕．中国普惠金融耦合协调关系及时空分异研究——来自省际面板数据的证据［J］．软科学，2018，7：10-15

［16］赵天翊，杨雅娟，陈虹，雷家骕．区域经济发展与融资活跃度耦合性研究［J］．宏观经济研究，2019，2：103-115+175

［17］孙志红，李娟．经济新常态下我国金融发展质量的测度与分析［J］．数学的实践与认识，2017，47（12）：38-48

［18］彭芳梅．金融发展、空间联系与粤港澳大湾区经济增长［J］．贵州社会科学，2019（3）：109-117．

［19］穆献中，吕雷．京津冀金融生态环境对区域经济发展影响研究［J］．经济与管理，2017，31（3）：26-30．

［20］李延凯，韩廷春．金融环境演化下的金融发展与经济增长：一个国际经验［J］．世界经济，2013，36（8）：145-160．

［21］胡杨林，张波．绿色金融发展的经济增长效应——基于珠三角城市群的实证分析［J］．深圳社会科学，2021，4（1）：63-71．

［22］申韬，李卉卉．"一带一路"沿线国家金融生态环境、经济增长耦合集聚效应分析［J］．南洋问题研究，2018（2）：46-61

［23］程霖，刘凝霜．经济增长、制度变迁与"民营经济"概念的演生［J］．学术月刊，2017，49（05）：59-73．

［24］金欣雪，赖志花．基于VAR模型的安徽省金融发展与经济增长分析［J］．阜阳师范学院学报合作经济与科技，2018（6）：52-55

［25］杭州市统计局课题组．民营经济统计范围界定研究［J］．统计

科学与实践，2019（10）

［26］王磊．推动民营经济高质量发展的制度创新研究［D］．中国社会科学院研究生院，2019．

［27］李军鹏．十九大后深化放管服改革的目标、任务与对策［J］．行政论坛，2018，25（02）

［28］赵军，金士国．为民营经济健康发展营造良好法治环境——保障民营经济健康发展法治论坛观点述要［J］．人民检察，2019（15）：3．

［29］杨嘉懿．中国新时代民营经济发展的指导理论［J］．湖北社会科学，2019（7）：7．

［30］王文举，陈真玲．民营经济健康发展的制度创新与环境重构［J］．学习与探索，2020（8）：6．

［31］宋盛楠．安徽省民营经济发展环境优化路径研究［J］．安徽省科技，2020（3）：3

［32］毛秀英．金融支持安徽省民营经济发展研究［D］．合肥：安徽省大学，2013

［33］王燕．河北省民营经济发展融资支持研究［D］．石家庄：河北师范大学，2019

［34］余欢．民营经济发展及其对我国区域经济增长影响效应研究［D］．蚌埠：安徽省财经大学．2020．

［35］李合龙，徐杰，汪存华．粤港澳大湾区科技创新与金融创新的耦合关系［J］．科技管理研究，2021（14）：56-64

［36］陈亮，李琼，张嫄．区域科技资源集聚、科技创新与经济增长协调发展研究——基于广东省21地市的面板数据（2014—2019）［J］．中国高校科技，2022（3）：44-49

［37］陈珊．科技金融支持科技创新的机制、效果与对策研究［D］．北京：北京交通大学博士学位论文，2021：17-23

［38］白小虎．民营经济转型升级的制度障碍与破解对策—以浙江温州为例［J］．中共浙江省委党校学报，2015（1）

［39］邱洋冬. 非正规金融对我国民营经济发展有效性的计量检验［D］. 南昌：江西财经大学，2018

［40］Samargandi N, Fidrmuc J, Ghosh S. Financial Development and Economic Growth in an Oil-Rich Economy: The Case of SaudiArabia［J］. Economic Modelling, 2014, 43: 267—278.

［41］Alexandra G, LIU P. To what extent do financing constraints affect Chinese firms' innovation activities?［J］. International Review of Financial Analysis, 2014, 36: 223-240.

［42］Chirkunova E K, Kireeva E E, Kornilova A D, etal. Research of instruments for Financing of innovation and investment Construction projects［J］. Procedia Engineering, 2016, 153: 112-117.

［43］M. Kabir Hassan, Benito Sanchez and Jung-Suk Yu. Financial development and economic growth: New evidence from panel data［J］. The Quarterly Review of Economics and Finance, 2011, (51): 88-104

［44］Wolde-Rufael, Yemane. Re-examining the financial development and economic growth nexus in Kenya［J］. Economic Modelling, 2009, (26): 1140-1146

［45］Keith Blackburn, Gonzalo F. Forgues-Puccio. Financial liberalization, bureaucratic corruption and economic development［J］. 2010, (29): 1321-1339